# 한국사 뛰어넘기 3

**열다** 지식을 열면, 지혜가 열립니다. 나만의 책을, 열다.

한국사 뛰어넘기 3
**조선 건국**부터 **북벌 정책**까지

초판 1쇄 발행 2017년 12월 15일
초판 8쇄 발행 2023년 7월 24일

글 송영심 | 그림 민은정 정인하

ⓒ 송영심 2017

ISBN 979-11-88283-16-3 (74910)
ISBN 979-11-960102-3-2 (세트)

* 저작권법에 의하여 한국 내에서 보호를 받는 저작물이므로 무단 전재와 무단 복제를 금합니다.
* 이 도서의 국립중앙도서관 출판예정도서목록(CIP)은 서지정보유통지원시스템 홈페이지(http://seoji.nl.go.kr)와 국가자료공동목록시스템(http://www.nl.go.kr/kolisnet)에서 이용하실 수 있습니다. (CIP제어번호 : CIP2017026787)
* 책값은 뒤표지에 있습니다.
* 잘못 만들어진 책은 구입하신 곳에서 바꾸어 드립니다.

발행처 주식회사 스푼북 | 발행인 박상희 | 출판신고 2016년 11월 15일 제2017-000267호
제조국 대한민국 | 주소 (03993) 서울시 마포구 월드컵북로 6길 88-7 ky21 빌딩 2층
전화 02-6357-0050(편집) 02-6357-0051(마케팅)
팩스 02-6357-0052 | 전자우편 book@spoonbook.co.kr

＊10세 이상 어린이 제품

| **제품명** 한국사 뛰어넘기 3 | **제조자명** 주식회사 스푼북 | **제조국명** 대한민국
**전화번호** 02-6357-0050 | **주소** 서울시 마포구 월드컵북로 6길 88-7 ky21빌딩 2층
**제조년월** 2023년 7월 24일 | **사용연령** 10세 이상
※ KC마크는 이 제품이 공통안전기준에 적합하였음을 의미합니다.

⚠ 주 의
아이들이 모서리에 다치지 않게 주의하세요.

3

조선 건국부터 북벌 정책까지

# 한국사 뛰어넘기

글 송영심 · 그림 민은정 정인하

열다

## 자랑스러운 문화유산을 꽃피우고
## 전란을 극복해 낸 조선 전기 속으로!

   조선 시대에는 우리나라를 대표하는 문화유산이 찬란하게 피어났단다. 과학적이면서도 편리한 한글은 조선 제4대 임금인 세종 대왕이 창안하여 반포한 거야. 세계 관광객들이 감탄해 마지않는 경복궁과 창덕궁 등 여러 건축물에는 기왓장 하나, 돌담 한 장마다 조선 사람들의 정성 어린 숨결이 감돌고 있어.

   그뿐만 아니라 조선은 서양에서 만든 것보다 약 200여 년 앞서 측우기를 제작하였고, 《조선왕조실록》 등은 유네스코에 의해 세계 기록 유산으로 지정되었어. 또한 조선의 도읍지 한양은 오늘날의 서울로 이어져 수백 년 역사를 자랑하며 세계적인 도시로 발전했지.

   조선이라는 나라가 500여 년 동안 지속될 수 있었던 것은 우리의 터전을 지켜 내려는 선조들의 노력이 있었기 때문이야. 7년이나 계속됐던 임진왜란 당시 바다에서는 이순신 장군이 용맹하게 왜군을 몰아내고, 육지에서는 곽재우를 비롯한 수많은 의인들이 들불처럼 일어나 나라를 지켜냈어. 연이어 일어났던 전쟁인 병자호란 때는 나라를 잃지 않으려 안간힘을 쓰며 수많은 백성과 충신들이 나라를 지켜 냈지.

　3권에는 조선이 건국되어 어떻게 나라의 기틀을 세웠는지에 대한 정치 이야기를 비롯해서 예술과 사상, 여성사, 전통 문화와 놀이 등 흥미로운 이야기가 가득 담겨 있어.

　이 책을 읽으며 조선 사람들이 뛰어난 문화유산을 이루어 낼 수 있었던 정신적 힘은 무엇이고, 위기의 순간마다 어떠한 용기와 지혜를 발휘하여 극복해 냈는지 생각해 보길 바라. 또 나라의 기틀을 세우고 이끌어 간 위인들을 생각하며 나라를 사랑하는 사람이 되기 위해서는 어떤 일을 하면 좋을지도 생각해 보렴. 역사에 대한 관심이 깊어지는 만큼 세상을 보는 안목도 넓어지니 역사 공부는 삶에 대한 공부와도 같단다.

송영심

차례

**1 새로운 세력이 떠오르고 고려가 무너지다** • 08

인물 탐방 조선 건국이 갈라놓은 두 사람

**2 성리학의 나라 조선이 세워지다** • 22

답사 여행 조선의 도읍 한양 나들이

**3 유교와 신분제 사회** • 36

만화로 보는 인물 이야기 조선을 빛낸 여걸, 정희 왕후

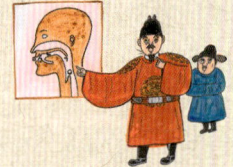

**4 뛰어난 인물들이 조선을 빛내다** • 50

이달의 책 백성을 위하는 마음이 담긴 《경국대전》

**5 피바람을 헤치고 사림 세력이 성장하다** • 66

이달의 책 자랑스러운 우리 민족의 유산 《조선왕조실록》

**❻ 온 힘을 다해 일본의 침략을 물리치다** • 80
종군 기자 리포트 지혜가 뛰어난 지장, 이순신의 전략

**❼ 청의 침략에 맞서 싸우다** • 96
조선 통신사 여행기 일본의 큰 환영을 받은 통신사

**❽ 사무치는 한을 풀고자 북벌을 계획하다** • 108
인물 인터뷰 조선을 세계에 처음 소개한 네덜란드 사람 하멜

**❾ 자연과 어울려 일하고 먹고 즐기는 삶** • 118
차례 상 차리기 정성껏 차려 보는 차례 상

**1391년
과전법이 실시되다**

1392년
조선이 건국되다

1429년
《농사직설》을 펴내다

1434년
《삼강행실도》가 편찬되다

1443년
훈민정음이 창제되다

1498년
무오사화가 일어나다

1592년
임진왜란이 일어나다

# 1 새로운 세력이 떠오르고 고려가 무너지다

14세기 말 고려는 권문세족들의 부정부패가 날로 심해지고 불교가 타락하면서 큰 위기를 맞았어. 백성들은 하루하루 먹고살기도 어려웠지. 홍건적과 왜구를 무찌르는 데 큰 공을 세운 이성계는 권문세족을 비판하는 신진 사대부와 손잡고, 위화도 회군을 단행하여 권력을 손에 넣었어. 이성계와 신진 사대부는 과전법을 실시한 뒤 반대파를 없애고 고려를 무너뜨렸지. 고려가 어떻게 망했는지 살펴볼까?

1636년
병자호란이 일어나다

1654년
제1차 나선 정벌

### 요동 땅을 되찾으러 떠난 길

고려 말 공민왕의 뒤를 이은 사람은 아들 우왕이었어. 하마터면 우왕은 왕위에 오르지 못할 뻔했지. 공민왕이 죽었을 때 우왕의 나이가 고작 열 살이었거든. 하지만 당시 권력자였던 이인임이 강력하게 밀어서 왕이 될 수 있었어.

이인임은 우왕을 마음대로 휘두르고, 고려 말 권문세족들이 그랬듯 백성들의 토지를 빼앗고 노비를 늘려 횡포를 부렸어. 결국 우왕은 이인임이 늙고 병들어 정치를 할 수 없다고 스스로 물러난 뒤에야 왕권을 펼칠 수 있었지.

이인임이 물러난 뒤에는 최영이 문하시중이 되었어. 문하시중은 요즘의 국무총리와 같은 일을 하는 자리야. 최영은 홍건적과 왜구의 침입을 막아 내어 백성들 사이에서 이름이 드높았어.

그런데 이를 어쩌지? 고려에 큰 위기가 닥쳐왔어. 명나라가 철령 지역에 철령위라는 직할지를 세우겠다고 알려 온 거야. 철령은 공민왕이 원나라와 싸워 애써 되찾은 땅인데, 고려에게는 중요한 군사 지역이었어. 당시는 원나라의 기세가 쇠하고 명나라가 위세를 떨치는 시기라 점점 명의 간섭이 많아지

고 있었어.

"이번 기회에 군사를 일으켜 요동을 정벌합시다. 요동은 원래 고구려의 땅이었소."

최영은 명나라의 결정을 받아들이지 않았어. 오히려 군사를 일으켜 지금은 명나라가 차지하고 있지만, 옛날에는 고구려의 땅이었던 요동을 되찾으려는 계획을 세웠지. 그때 이성계가 이 계획을 네 가지 이유를 들어 크게 반대하고 나섰어. 이성계 역시 홍건적과 왜구의 침입을 막아 내 백성들의 인기를 한 몸에 받고 있었지.

"아니 되옵니다. 작은 나라인 고려가 어떻게 큰 나라인 명을 친단 말입니까? 게다가 지금은 여름철입니다. 군사를 모으면 농사는 누가 짓습니까? 또 군사를 북쪽으로 몰고 가면, 그사이 왜구들이 쳐들어올 것입니다. 더구나 이제 곧 장마철입니다. 비가 내리면 활이 휘고 전염병도 돌 수 있으니 군사를 일으키는 것은 적절하지 않습니다."

그러나 최영과 우왕은 이성계의 의견을 무시하고 요동을 치기로 했어. 마침내 전군을 지휘하는 8도 도통사에는 최영이, 좌군 도통사에는 조민수가, 우군 도통사에는 이성계가 임명되어 요동 땅을 되찾기 위해 북으로 진군한단다.

## 위화도에서 말을 돌리다

1388년 고려군은 명나라의 요동성을 공격하기 위해 계속해서 나아갔어. 8도 도통사였던 최영은 우왕을 모시고 평양성까지 와서는 출정하는 군대에게 잘 다녀오라고 격려를 했지. 하지만 군대를 이끌고 가는 조민수나 이성계는 이번 전쟁은 문제가 많다는 생각에 마음이 무거웠어. 군대가 압록강 하류에 있는 위화도에 도착할 무렵이었어. 장대비가 쏟아져서 정벌군은 한 걸음도 앞으로 나아갈 수가 없었지.

"장군, 이렇게 비가 쏟아지니 한 치 앞을 볼 수가 없습니다."
"활의 아교가 비에 녹아 도저히 쓸 수 없게 되었습니다."
이성계가 출정하기 전에 예상했던 대로 무기는 비에 맞아 녹슬고 활은 휘어 군사들의 사기가 땅에 떨어졌어. 죽음이 두려워 도망가는 군사들도 하나둘 늘어났지. 이성계는 개경으로 사람을 보내어 진군을 멈추게 해 달라고 간청했어. 하지만 우왕과 최영은 끝내 뜻을 굽히지 않았단다.
"말 머리를 돌립시다. 도저히 이 상태로는 행군할 수 없습니다."
"이성계 장군 말이 맞소! 군사를 돌립시다."

**최영 장군 무신도** 무당이 모시는 최영 장군 그림이야. 억울하게 죽었다고 해서 무당들이 혼을 위로하고 있지.

최영 장군은 오래도록 백성들의 존경을 받았단다.

군사를 돌린다는 것은 왕의 명령을 어기고 반역을 일으키는 것을 뜻했어. 하지만 조민수나 이성계는 도저히 전쟁을 치를 수 없는 상황이니 군사를 돌리는 것이 옳다고 생각했어. 두 도통사는 군사를 돌려 개경을 공격했어. 이 사건이 바로 위화도 회군이야.

"요동에 있어야 할 정벌군이 개경을 공격해 오다니……. 병사들이여, 있는 힘을 다해 막아라!"

개경을 지키던 최영 장군은 얼마 안 되는 수비대로 조민수와 이성계의 군사를 막으려 고군분투했지만, 금방 무너지고 말았어.

결국 우왕은 쫓겨나고, 최영도 유배를 당했다가 결국에는 목이 잘리는 참수형을 당했지. 그때 최영 장군은 이런 말을 남겼다고 해.

"나는 황금 보기를 돌같이 하라는 아버님의 말씀에 따라 깨끗하게 살았다. 만약 내가 잘못한 것이 있다면 내가 묻힌 자리에 풀이 날 것이오. 잘못이 없다면 붉은 흙 그대로 풀이 나지 않을 것이다."

최영 장군의 말대로 그 무덤에는 풀 한 포기조차 나지 않았어. 최영 장군이 참수를 당하던 날, 시장의 상점들은 문을 닫고 백성들은 목 놓아 통곡했어. 수많은 백성이 최영이 억울하게 죽었다는 것을 알았던 거야.

그럼 누가 왕이 되었을까? 이성계는 우왕의 아들 창왕을 왕위에 앉혔어. 이렇게 이성계는 조민수와 함께 정치를 장악하고 군사력을 손에 넣었어.

## 권문세족을 누르고 과전법을 실시하다

한편 이성계 뒤에는 정도전을 비롯해 개혁을 부르짖는 신진 사대부 세력이 든든히 버티고 있었어. 당시 신진 사대부는 두 파로 나뉘어 있었어. 그중 고려를 무너뜨리고 새로운 국가를 세워야 한다는 주장을 펴는 정도전 같은 사람들을 급진 개혁파라고 해. 이에 비해 고려는 그대로 유지하면서 잘못된 부분만을 개혁해야 한다고 생각하는 정몽주 같은 사람들을 온건 개혁파라고 하지.

급진 개혁파가 뜻을 이루기 위해서는 왕이 되었을 때 백성들의 지지를 받을 수 있는 영웅이 필요했어. 당시 백성들의 인기를 한 몸에 받고 있던 사람은 단연 홍건적과 왜구를 물리친 이성계였지.

위화도 회군이 일어나기 여러 해 전, 정도전은 이성계가 국방을 지키는 함경도로 찾아가 그를 만나 보았어. 역시 지도력으로 보나 성품으로 보나 왕이 될 만한 최고의 인물이었지.

'이 장군은 보통 분이 아니군. 마음도 하늘같이 넓고 지도력도 소문만큼 대단해. 이 장군을 도와 새 세상을 만들어 봐야겠다.'

정도전은 이성계와 손잡기로 결심하고 개경으로 돌아왔어. 정도전을 비롯한 급진 개혁파들은 샛별 같은 영웅 이성계와 함께 새로운 나라를 세우기 위한 발판을 마련하기 시작했어.

"권문세족들의 대토지를 모두 몰수하여 과거에 합격한 신진 관리들에게 나누어 줄 수 있게 토지 제도를 개혁해야 합니다."

신진 사대부들은 권문세족이 독차지하고 있던 대토지를 빼앗아 신진 관리들에게 나누어 주려고 했어. 권문세족들에게 한껏 쏠린 힘을 신진 사대부 쪽으로 옮겨오기 위해서였지.

그런데 이미 많은 토지를 가지고 있던 조민수가 이 일에 반대한 거야. 또 창왕도 개혁에 반대했지. 신진 사대부들은 이성계를 앞세워 조민수를 유배 보내 버렸어. 창왕도 억지스러운 이유를 붙여 왕위에서 내몰았지. 아버지인 우왕이 공민왕의 아들이 아니라, 공민왕이 신임하던 신돈의 아들이라는 이유로 말이야. 신진 사대부들은 그다음 왕으로 공양왕을 앉혔어.

1391년 신진 사대부들은 자신들의 뜻대로 새로운 토지 제도인 과전법을 세상에 널리 알렸어. 이제 과거에 합격한 신진 사대부들은 과전법을 통해 당당하게 토지를 받게 되었단다.

**과전법**
관리들에게 근무의 대가로 토지에서 세금을 걷을 수 있게 한 제도야. 경기도 이외의 지역은 나라에서 직접 거둬서 국가의 지배권이 더욱 강화되었지. 농민이 내는 세금을 생산량의 10분의 1로 통일해 세금 부담을 크게 줄였단다.

## 정몽주가 고려와 함께 사라지다

정몽주는 날이 갈수록 이성계를 중심으로 뭉친 급진 개혁파들이 고려를 무너뜨리고 새로운 나라를 세우려고 하는 것을 가만두고 볼 수 없었어.

"어떻게든 이성계와 정도전의 무리가 하는 일을 막아야 하오."

정몽주는 온건 개혁파와 함께 어떻게든 고려를 지켜 나가려고 했어. 그런데 때마침 좋은 기회가 왔어. 명나라에 갔던 세자를 마중 나갔다가 이성계가 말에서 떨어져 크게 다친 거야.

"바로 지금이오. 어서 상소를 올려 급진 개혁파들을 없앱시다."

정몽주는 온건 개혁파로 하여금 급진 개혁파를 유배 보내라는 상소를 빗발치듯 올리게 했지. 그 결과 이미 다른 일로 잠시 유배를 가 있던 정도전이 돌아올 수 없게 되고, 같은 급진 개혁파인 조준과 남은 등도 유배를 가게 되었어.

그러자 이성계의 다섯째 아들인 이방원이 큰일이다 싶어 해주에 누워 있는 이성계에게 말을 달려 한달음에 달려갔지.

"아버님, 어서 개경으로 돌아가셔야 합니다. 아니면 우리 편이 모두 관직을 잃게 생겼습니다."

정몽주 초상화 고려에 대한 충절을 끝까지 지킨 충신이지.

이방원의 말을 듣고, 이성계는 서둘러 개경으로 돌아왔어. 정몽주는 이성계가 돌아왔다는 말에 그가 얼마나 다쳤는지 살펴보려고 병문안을 핑계 삼아 찾아갔지.

"어서 오시게나, 이렇게 문병을 와 줘서 고맙구려."

이성계는 정몽주를 따뜻하게 맞이했지만, 이방원은 정몽주가 고려에 대해 어떤 생각을 갖고 있는지가 궁금했어. 그래서 고려 대신 새 나라를 세우는 것이 어떻겠느냐고 시를 읊어 물었지. 그러자 정몽주는 오직 고려만이 자신이 충성을 바칠 나라라고 화답했어.

태조 이성계 어진 58세 나이에 조선 제대 임금이 되었어.

이로 인해 이방원은 아버지를 왕으로 만들려면 정몽주부터 없애야겠다고 결심하지.

이방원은 부하들에게 집으로 돌아가는 정몽주를 죽이라고 명령했어. 뒤를 쫓던 부하들은 선죽교에 정몽주가 들어서자, 무섭게 철퇴를 휘둘러 단번에 죽여 버렸지. 이들은 다음 날, 정몽주가 나라를 해치는 당을 만들어 나라를 어지럽혔다며 시신에서 목을 잘라 성문에 걸어 두었어.

이제 개혁을 꿈꾸는 세력에게는 공양왕을 물러나게 하는 일만이 남아 있었어. 1392년 7월 개경 수창궁에서 공양왕이 꿇어앉아 왕에서 폐위되었다는 문서를 읽으며 눈물을 뚝뚝 흘렸지.

"나는 처음부터 왕이 될 생각이 없었소. 그대들이 억지로 나를 왕위에 올리지 않았소?"

공양왕은 자신의 신세를 한탄했어. 이로써 약 500년의 역사를 자랑하던 고려가 역사 속으로 사라진 거야.

이성계는 정도전과 조준 등의 추대로 새 나라 조선의 첫 임금이 되었어. 이렇게 조선 제1대 임금인 태조가 세워졌단다. 새 나라 조선은 전쟁의 소용돌이에 휩싸이지 않고, 왕 씨에서 이 씨로 왕조가 바뀌며 세워졌어. 이제 성리학의 나라 조선이 역사 속에 등장한 거야. 조선은 앞으로 어떤 발전을 이루어 나갈까? 앞으로 펼쳐질 일들도 흥미롭겠지?

### 왕위 계승을 둘러싸고 시작된 백년 전쟁

백년 전쟁(1337~1453)이란 영국과 프랑스 사이에서 백여 년 동안 이어져 나간 전쟁을 말해. 이 전쟁은 누가 프랑스의 새로운 왕이 되느냐를 두고 비롯되었어. 프랑스 카페 왕조의 대가 끊겨서 그 자리를 누군가 대신해야 했거든. 영국에도 프랑스에도 모두 프랑스 왕의 피가 흐르는 후계자가 있었어. 그런데 영국이 진짜 왕위를 노렸던 이유는 따로 있었지. 당시 영국은 모직물 공업이 주력 산업이었어. 그러다 보니 프랑스에 있는 양모 산업이 발달한 도시 플랑드르가 탐이 난 거야. 영국은 왕위를 차지함으로써 양모 산업을 독점하고 싶어 했어.

백년 전쟁에서 맹활약을 펼쳐 영국에 밀려 고전하던 프랑스를 구해 낸 건 다름 아닌 16세의 소녀, 잔 다르크란다. 잔 다르크가 북부의 중요 도시인 오를레앙을 탈환한 덕분에 샤를 7세는 당당히 프랑스 국왕 자리에 오를 수 있었지. 하지만 안타깝게도 잔 다르크는 영국에 의해 마녀라는 누명을 쓰고 화형당했단다.

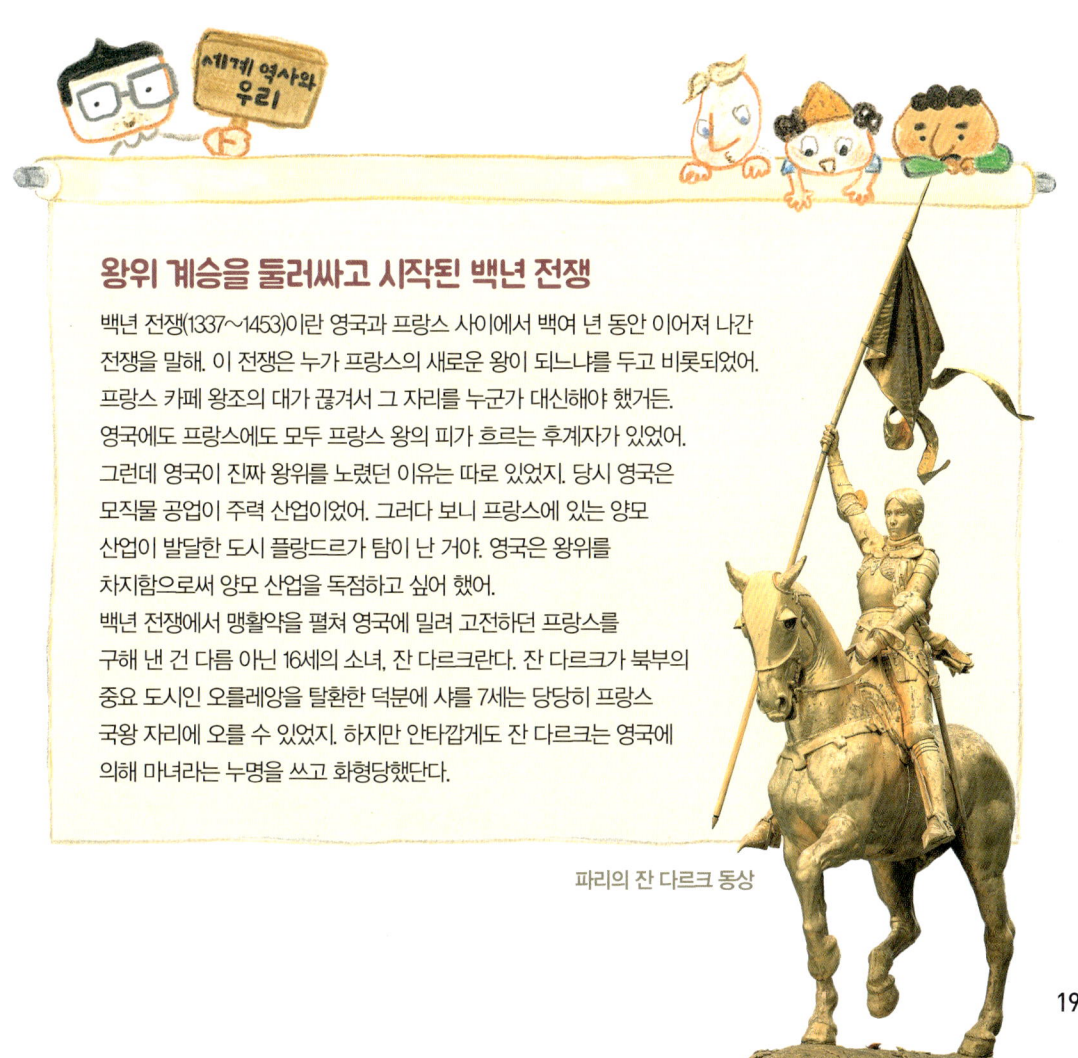

파리의 잔 다르크 동상

인물 탐방

# 조선 건국이 갈라놓은 두 사람

신진 사대부 중에서도 중심 역할을 했던 정도전과 정몽주는
학식이 깊고 사회를 개혁하겠다는 의지가 강했어.
하지만 고려에 대한 두 사람의 생각은 극과 극이었어.

### 새 나라를 꿈꾸는 정도전 VS 그래도 고려를 잇자는 정몽주

정도전은 권문세족에 반대하다가 전라도 나주로 유배를 갔는데,
그곳에서 백성들의 비참한 생활을 목격하고는 느끼는 바가 많았어.
어느 날 한 농부가 쏟아 내는 말이 그의 가슴을 쳤지.

"나라를 다스린다고 하는 사람들이 땅이란 땅은 닥치는 대로 소유하고,
녹봉만 축내니 백성이 어찌 살 수가 있겠소?"
그 후 정도전은 고려 대신 새 나라를 세우겠다는 급진적인 개혁을 꿈꾸게 되었어.
이에 비해 온건한 개혁을 꿈꿨던 정몽주의 생각은 전혀 달랐어. 정몽주가 이성계를
문병 갔을 때의 일이야. 이방원이 정몽주 마음을 떠보기 위해 이런 시를 읊었어.

"이런들 어떠하리, 저런들 어떠하리.
만수산 드렁칡이 얽혀진들 어떠하리.
우리도 이같이 얽혀서 백 년까지 누리리라."

그러자 정몽주는 단호한 목소리로 이런 시를 읊었지.

"이 몸이 죽고 죽어 일백 번 고쳐 죽어
백골이 진토되어 넋이라도 있고 없고
임 향한 일편단심(一片丹心)이야 가실 줄이 있으랴."

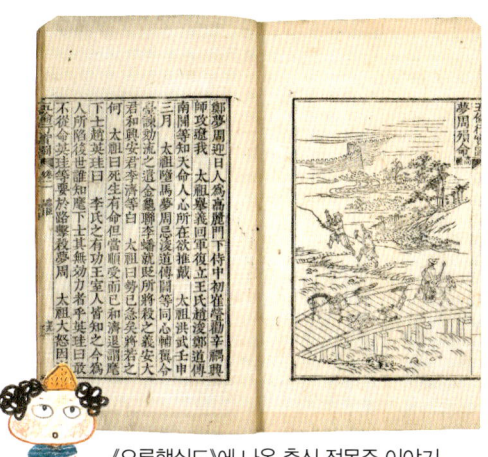
《오륜행실도》에 나온 충신 정몽주 이야기

## 생각의 차이가 앞길을 갈라놓다

정몽주의 시조에서 '임'은 고려를 말하는 것이고, 일편단심은 고려에 대한 한결같은
충성심을 말하는 거야. 이렇게 생각이 다르니 정도전과 정몽주의 앞길도 달라졌어.
정도전은 이성계를 도와 조선을 건국한 후 경복궁과 사대문의 이름을 짓는 등
새 나라를 설계하고 조선 건국의 일등 공신이 되었어.
반면 정몽주는 선지교에서 철퇴를 맞고 숨을 거뒀는데, 선지교 아래에서 대나무가
솟아올랐대. 그래서 다리 이름을 선죽교라고 부르게 된 것이지.
그뿐이 아니야. 정몽주가 죽을 때 흘린 피가 아무리 닦아도 없어지지 않고 지금까지
흐릿하게 남아 고려를 끝까지 섬기려 했던 충성스러운 마음을 보여 주고 있지.

1391년
과전법이 실시되다

**1392년
조선이 건국되다**

1429년
《농사직설》을 펴내다

1434년
《삼강행실도》가 편찬되다

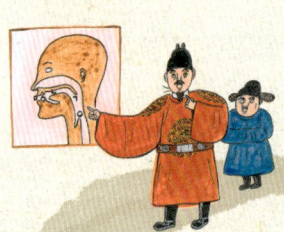
1443년
훈민정음이 창제되다

1498년
무오사화가 일어나다

1592년
임진왜란이 일어나다

## ❷ 성리학의 나라 조선이 세워지다

1392년 새로운 나라 조선이 역사의 새 장을 힘차게 열었어. 조선의 임금들은 성리학에서 말하는 어진 임금이 되어 바른 정치를 펼치려 했어. 나라의 기틀을 세우기 위해 행정 제도를 만들고, 《경국대전》이란 법전도 만들었지. 성균관에서는 조선의 수재들이 모여 과거에 합격하기 위해 으라차차 열심히 공부했어. 성리학의 나라, 조선이 만든 여러 제도들을 알아볼까?

1636년
병자호란이 일어나다

1654년
제1차 나선 정벌

### 성리학의 나라 조선

조선을 건국한 태조 이성계는 가슴이 벅차올랐어. 새로운 나라 조선을 훌륭하게 잘 이끌어 가고 싶었지.

"경들은 나를 도와 새로운 나라에 성리학 이념이 널리 퍼져 나갈 수 있도록 힘써 주기 바라오."

"성은이 망극하옵니다."

**태조의 어새** 왕실의 의식에 사용된 도장

태조 이성계의 말에 대신들은 일제히 고개를 조아렸어. 왕과 신하들이 한마음이 되어 조선을 성리학이 꽃피우는 유교적인 이상 국가로 만들겠다고 다짐했지. 조선에서 관리가 되려면 성리학을 열심히 공부해야 했어. 조선은 유교적인 학문과 인품을 갖춘 양반 사대부들이 다스리는 나라가 된 거야. 고려가 귀족들이 다스리는 나라였다면, 조선은 실력 있는 관

〈일월오봉도〉 왕권을 상징하는 그림이야. 해와 달, 다섯 봉우리가 그려진 병풍으로 왕이 앉는 어좌 뒤에 항상 쳐 있었지.

해는 왕, 달은 왕비를 상징해.

료들이 다스리는 나라였어. 성리학을 열심히 공부해서 좔좔 읊을 정도가 되어야 관리가 될 수 있었지.

양반 사대부들은 항상 성리학의 가르침에 따라 행동했어. 조선을 세우는 데 큰 공을 세운 정도전, 조준, 하륜 등이 태조 이성계가 유교에서 생각하는 이상 정치를 잘 펼칠 수 있게 적극적으로 뒷받침해 주었어.

그런데 새로운 나라가 세워진 지 몇 개월이 지났는데도 나라에 이름이 없었어. 어찌 된 일일까? 태조 이성계는 새로운 나라의 임금이 되었지만, 조선이 섬기는 큰 나라인 명나라에서 이 사실을 인정해 주지 않아 애를 끊이는 형편이었어. 그러던 어느 날 드디어 조선이라는 국호를 사용하라는 연락이 명나라에서 왔어.

**성리학**
송나라 때 주희가 집대성한 유학의 한 분야야. 주자학이라고도 하지. 성리학은 우주의 질서와 인간의 마음에 대해 깊이 연구하는 학문이란다. 고려 말 안향이 들여와 조선의 통치 이념이 되었어.

"하하하, 새 나라 국호를 두 가지 보내어 명에게 정해 달라고 한 것이 그들의 마음을 흡족하게 한 모양이오. 자, 이제부터 새 나라 이름을 조선이라고 하시오."

이로부터 고려를 뒤이은 새 나라 이름이 조선이 되었어. 조선을 세운 양반 사대부들은 백성이 모든 일의 본바탕이 된다고 믿어 백성을 위한 정치를 펴려고 했어. 고려 시대보다 백성들이 더 잘 살 수 있도록 백성을 위하고 소중히 여겼지. 백성에게도 유교에서 행하는 예절과 풍속을 열심히 권했어.

"임금에게 충성을 다하고 부모에게 효도하는 백성이 되시오."

양반 사대부들은 성리학을 중심으로 나라를 이끌어 나갔지. 조선은 사대부에 의해 나라의 기틀이 튼튼해지면서 정치가 발전하고 민족 문화가 꽃을 피워 성리학의 국가로 우뚝 서게 되었단다.

## 나라를 다스리는 제도를 완성하다

조선은 중앙 정치 제도를 새롭게 만들었어. 최고 관직인 삼정승을 두어 국가의 정책을 의논하고 결정하도록 했지. 삼정승이란 영의정, 좌의정, 우의정을 말하는데, 영의정이 지금의 국무총리 역할이야. 이들이 속한 관청을 의정부라고 해. 모든 정책은 의정부 삼정승이 뜻을 모아 결정했지.

정책이 결정되면 여섯 관청이 나누어서 실무를 맡아 보았는데, 이 관청들을 6조라고 해. 6조에는 이조, 호조, 예조, 병조, 형조, 공조가 있었어. 6조의 장관 자리를 판서라고 하고, 차관 자리를 참판이라고 하지.

여섯 관청에서는 어떤 일을 했을까? 이조에서는 관리들을 임명하고 공을 세운 사람들에게 상을 주는 일을 했어. 호조는 재정을 맡았지. 예조는 지금의 외

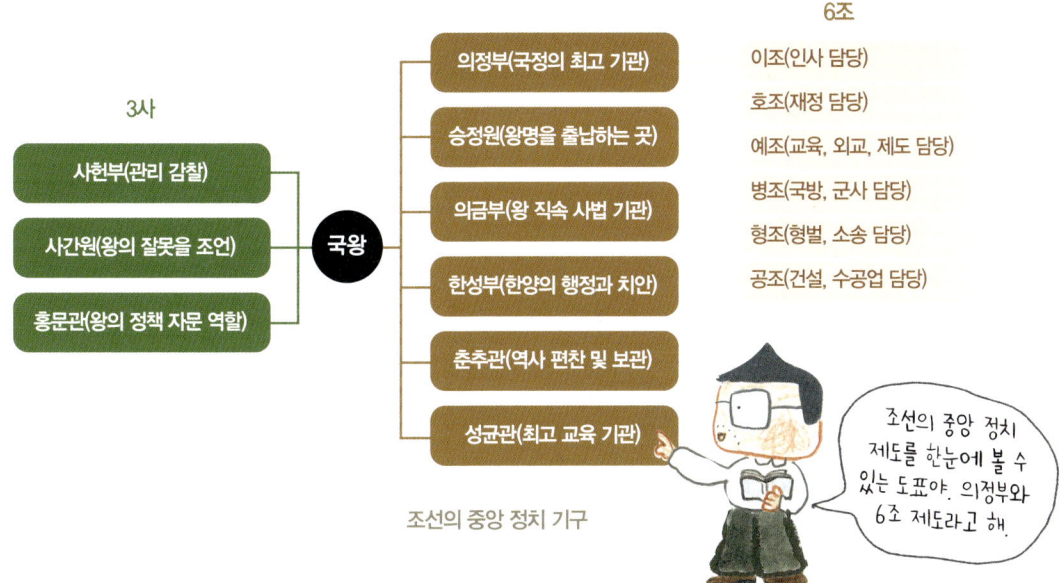

조선의 중앙 정치 기구

교부와 교육부를 합친 역할을 했어. 과거 시험을 관리하는 일도 예조에서 했지. 병조는 국방부에서 하는 일을 맡았는데, 적이 쳐들어오면 병조에서 군대를 총지휘했어. 형조는 죄인을 벌주는 일과 재판에 관한 일, 노비에 대한 업무를 맡았어. 형조를 지금의 법무부라고 보면 돼. 공조는 건축, 수공업, 공사에 관한 업무를 담당했어. 지금의 국토교통부나 산업통상자원부 역할을 맡았지.

승정원은 왕의 비서 기구야. 승정원을 통해 왕의 명령이 전달되고 신하들이 올리는 글도 전달됐어. 도승지가 승정원을 이끌며 왕을 보필했지. 조선의 진짜 중요한 관청은 사헌부, 사간원, 홍문관인데, 이를 3사라고 불러. 3사는 관리들의 부정부패를 감시하고 왕의 잘못을 조언하는 등 국왕이 정치를 잘할 수 있도록 돕는 역할을 했어.

이런 중앙 정치 기구가 하는 일은 조선의 기본 법전인 《경국대전》에 아주 자세히 나와 있어. 《경국대전》은 유교의 법도에 따라 나라를 다스릴 수 있게

**조선의 8도** 북쪽 영토를 넓히기 위해 많은 백성들이 북쪽으로 이동했어.

기본 법을 정리한 법전이었어. 조선은 이 법전을 통해 나라를 다스리는 기틀을 마련하여 유교적인 법치 국가로 자리 잡았지.

조선은 전국을 8도로 나누었어. 각 도는 관찰사가 책임을 맡아 관리했지. 관찰사 아래에는 고을의 크기에 따라 부, 목, 군, 현을 두었는데, 고을을 지키는 책임자를 수령이라고 불렀어. 수령은 '사도'라고도 하는데, '사도'라는 말이 된소리를 내게 되면서 우리가 흔히 아는 '사또'가 된 거야.

각 고을에는 수령 아래에 그 고을의 형편을 잘 아는 여섯 부서 소속의 하급 관리들이 있었어. 한편 군현에는 지방 자치 조직인 유향소가 있었어. 고을의 풍속을 바로잡고 수령과 향리가 나쁜 일을 하지 않도록 감독했지.

조선은 새 왕조로서 국토 확장에도 많은 힘을 기울였어. 남쪽에 사는 백성들을 압록강 남쪽으로 이주시키는 일들이 태종 때부터 시작되어 세종, 세조, 성종 때까지 계속되었지. 세종 때에는 큰 성과가 있었는데, 북쪽 지방으로 영토를 점차 넓혀 나가 4군과 6진을 개척했어. 그때에 지금의 북쪽 경계인 압록강과 두만강 연안까지 영토가 넓혀졌단다.

## 교육과 과거 제도의 틀이 만들어지다

"서당, 4부 학당 모두 수석했다고 하더니, 진사시에도 합격했대요."

"드디어 바라고 바라던 성균관에 입학하게 되었구나!"

조선 시대 최고 교육 기관은 성균관이었어. 하지만 아무나 성균관에 들어갈 수 있는 것은 아니었지. 그럼 성균관에 들어가려면 어떻게 공부해야 했는지 살펴볼까? 보통은 요즘의 초등학교에 해당하는 서당에서 공부를 시작했지. 서당을 졸업하면 사는 곳에 따라 한양이 집이면 4부 학당에, 지방이 집이면 향교에 들어갔어.

그다음에는 지금의 수능 같은 시험인 소과를 보았어. 물론 학교에 다니지 않고 혼자서 공부한 사람도 시험은 볼 수 있었어. 소과에 합격하면 유생들이 바라고 바라던 성균관에 들어갈 수가 있었지. 유생들은 성균관에서 나라의 지원을 받아 기숙사 생활을 하며 엄격한 규칙에 따라 열심히 공부했어.

**소과**
소과에 합격해야 본 시험인 대과를 볼 수 있었어. 소과에는 유교 경전을 시험 보는 생원과와 논술과 문예를 시험 보는 진사과가 있었어. 진사과 시험이 더 어려웠지.

"아, 드디어 내일이 대과를 보는 날이구나. 꼭 합격해야 할 텐데……."

대과는 문과와 무과로 나뉘어 치러졌어. 대과에서 일등으로 합격한 것을 두고 장원 급제라고 하지. 장원 급제를 하면 당나귀를 타고 앵삼이라는 예복을 입고, 임금이 내려 준 종이꽃이 장식된 멋진 어사화를 모자 뒤에 꽂고 사흘 동안 휴가를 즐길 수 있었어. 합격증으로 붉은 종이에 쓴 홍패를 받았는데, 그 자체로 가문의 영광이었지.

첩의 자식으로 태어난 서자는 주로 무과 시험을 보았어. 조선은 서자를 사회적으로 매우 낮잡아 보았기 때문이야. 무과를 치러 합격하면 무관이 되었어. 또 잡과라고 해서 기술관이 되기 위해 보는 시험도 있었지.

조선 시대에는 양반과 상민 모두 교육을 받을 수가 있었어. 하지만 먹고살기에 바쁜 일반 백성들은 공부만 하고 있을 수가 없었지. 그래서 평민이 과거를 보는 일은 드물었어. 보통 평민은 서당에라도 다니면 다행이었지.

## 한양은 어떻게 설계되었을까?

태조 이성계는 정도전과 무학 대사의 도움을 받아 조선의 새로운 도읍지를 한양으로 정했어. 고려 시대에 남경으로 불리던 한양은 손꼽히는 주요 도시였어. 수도인 개경만큼 풍수지리적으로 명당이기 때문이야.

무학 대사가 한양으로 터를 정했다면, 정도전은 한양에 지은 궁궐과 사대문, 사소문에 유교 경전에 나오는 좋은 말로 이름을 지어 붙였단다. 이름 하나하나마다 유교의 가르침이 들어가도록 세심하게 정성을 다했지. 한양은 한강이 있어 수로 교통에 유리하고, 사방이 산으로 둘러싸여 있어 외적의 침입을 막기에도 알맞았어. 궁궐을 정한 뒤 그 동쪽에는 왕실의 선조들을 모시는

**종묘 정전** 조선 왕조의 역대 왕과 왕비 및 나중에 왕으로 받들어 모신 분들의 신주를 모신 유교 사당이야.

　사당인 종묘를 두고, 서쪽에는 토지와 곡식의 신에게 제사를 지내는 사직단을 두었지.

　한양 가운데에는 맑은 하천이 흘렀어. 지금은 청계천이라고 하지만, 조선 시대에는 그냥 개천이라고 했어. 개천의 북쪽을 북촌, 남쪽을 남촌이라고 했지. 삼정승 육판서 등 높은 관리들은 북촌에 살았고, 남촌에는 비록 다 찌그러진 갓에 남루한 도포를 입고 다니지만 학문에 힘을 쏟는 청렴한 선비들이 살았지. 이들은 가죽신이 없어 걸을 때마다 딸깍딸깍 소리를 내는 나막신을 신고 다녀서 '딸깍발이 선비'라고 불렀어. 그러니 사람들이 이렇게 말했지.

　"북촌 양반님들은 떵떵거리고 잘사시고, 남촌 샌님들은 공부만 하지요."

　한양은 튼튼한 성곽으로 둘러싸여 있고 사대문과 사소문이 있어 문을 지나야만 성안에 들어갈 수가 있었어. 새벽 4시경 종이 33번 치면 도성의 문이 열렸고, 밤 10시경 종이 28번 치면 문이 닫혔지. 난생처음 사대문을 지나 한양으로 들어오는 사람들은 벌린 입을 다물지 못했어.

"어머나, 저렇게 웅장하고 아름다울 수가……."

지방의 집들은 기와집이나 초가집 등 단층밖에 없는데, 한양의 사대문은 이층 누각에 커다란 데다 화려한 단청이 참으로 곱고 아름다웠기 때문이야.

한양에서 가장 사람들이 많이 다니는 곳은 운종가였지. 이곳에는 수많은 점포가 늘어서 있어서 많은 사람들이 구름같이 모여들었어. 운종가를 대표하는 상점은 육의전이란 여섯 가지 상점이었는데, 각각 비단, 명주, 무명, 모시, 지물, 어물을 취급했어. 육의전은 나라에서 주는 특혜도 받고 의무도 지고 있었지. 지물은 종이, 어물은 생선을 말해. '어물전 망신은 꼴뚜기가 시킨다.'는 말

들어 봤니? 육의전에 속한 어물전에서 나온 속담이지.

육의전 상인들은 관리들과도 잘 통했기 때문에 부지런히 육조 거리를 드나들었어. 육조 거리에는 6조 관아를 비롯해 한양의 주요 관청들이 자리 잡고 있었어. 광화문 앞에 시원스레 난 길 양쪽으로 조선의 주요 관청들이 있었던 거지. 지금 서울의 인구가 천만 명 정도라고 하는데, 15세기 세종 대왕 때는 10만여 명, 18세기 후반에는 30만 명이 넘었다고 해.

### 아프리카까지 항해했던 명나라 정화

명나라 영락제 때 환관인 정화(1371~1435)는 1405년부터 인도네시아와 말레이시아 등 동남아시아를 항해하고 더 나아가 인도, 아프리카까지 먼 바다를 항해했어.
정화는 콜럼버스보다 비교적 덜 알려진 인물이지만, 활동의 규모에 있어서는 콜럼버스를 훨씬 능가했단다. 또한 시기상으로도 87년이나 앞선 항해가였지. 콜럼버스가 수백에서 천여 명의 선원을 데리고 네 차례 해외를 원정할 때, 정화는 배 62척과 2만 7천여 명의 선원을 거느리고 일곱 차례나 해외를 원정했어. 배의 규모 역시 정화가 압도적이었어. 콜럼버스의 산타마리아호가 길이 24미터에 수백 톤 급 규모였다면, 정화의 배는 무려 길이 138미터에 수천 톤 급 규모였지.
정화는 항해를 하며 30여 개 국가에게 조공을 바치도록 만들었어. 이때부터 중국인들이 동남아시아에 진출하여 살게 되면서 이들을 '화교'라고 부르게 되었지. 정화는 안타깝게도 일곱 번째 항해 도중 병으로 눈을 감았어. 그 후 명나라는 경비가 너무 많이 든다면서 더는 해외 원정을 하지 않았단다.

# 조선의 도읍 한양 나들이

오늘은 유교 사상으로 설계된 조선의 도읍 한양으로 떠나 볼까?
조선 500여 년의 도읍지 한양은 대한민국의 수도 서울이야. 한양을 설계하면서 지은 건물에는 유교 사상이 녹아 있단다. 조선 건국의 일등 공신인 정도전이 직접 유교 경전에서 멋진 말을 찾아내어 붙인 건물 이름도 있어.
한반도 중심에 자리 잡은 한양은 한강을 이용할 수 있어 수로 교통이 편리하고 북악산을 비롯해 남산, 인왕산, 낙산으로 둘러싸여 있어 외적의 침입을 막아 내기에도 유리하지. 이런 이유로 한양은 조선은 물론 대한민국의 수도로 현재까지 이어져 세계적인 도시로 발돋움했단다.

동대문은 **흥인지문**으로, '어진 마음을 흥하게 하는 문'라는 뜻이지.

서대문은 **돈의문**으로, '의로움을 높이게 하는 문'이라는 뜻이야.

남대문은 **숭례문**으로, '예를 높이 받드는 문'이라는 뜻이야.

북대문은 **소지문**이라고 했다가 나중에 숙정문으로 이름을 바꾸었어.

경복궁과 숭례문 등 사대문과 사소문 이름도 정도전이 지은 거란다. 경복궁에는 왕과 백성이 태평성대를 누릴 큰 복을 빈다는 뜻이 담겨 있어. 정도전이 《시경》이라는 유교 경전을 보고 지었지. 광화문은 경복궁의 정문으로 왕의 큰 덕이 온 나라를 비춘다는 뜻이야.

어머! 사대문의 가운데 글자를 연결하니 '인의예지'가 되네.

그건 유교에서 중심이 되는 네 가지 덕목이잖아!

1391년
과전법이 실시되다

1392년
조선이 건국되다

1429년
《농사직설》을 펴내다

1443년
훈민정음이 창제되다

**1434년**
**《삼강행실도》가 편찬되다**

1498년
무오사화가 일어나다

1592년
임진왜란이 일어나다

# ③ 유교와 신분제 사회

조선 시대에는 양반이 헛기침을 하고 다니면 상민과 천민들이 절로 고개를 조아렸어. 신분에 따라 입는 옷도, 집도, 생활 방식도 모두 달랐어. 조선 사람들은 유교 윤리에 따라 삼강오륜을 몸으로 실천하며 살았어. 또 관혼상제를 치를 때도 성리학의 가르침에 따랐지. 조선의 양반 여성들은 규방에서만 생활했지만, 시를 잘 짓거나 그림을 잘 그려서 이름을 알리기도 했어. 이제 신분에 따라 삶의 모습이 달라졌던 조선 시대로 떠나 볼까?

1636년
병자호란이 일어나다

1654년
제1차 나선 정벌

### 왕부터 백성까지 실천한 유교 윤리

조선 시대에는 어릴 때부터 유교에서 가르치는 삼강오륜을 배우고 익히며 생활했어. 삼강오륜이란 말이 어렵지? 어디 한번 알아볼까?

삼강은 다음의 세 가지 기본 윤리야. 신하는 임금을 섬기는 것이 근본이라는 군위신강(君爲臣綱), 자식은 아버지를 섬기는 것이 근본이라는 부위자강(父爲子綱), 아내는 남편을 섬기는 것이 근본이라는 부위부강(夫爲婦綱) 이렇게 말이야.

그리고 오륜이란 군신유의, 부자유친, 부부유별, 장유유서, 붕우유신의 다섯 가지 윤리를 말해. 군신유의는 임금과 신하 사이에는 의리가 있어야 한다는 뜻이고, 부자유친은 부모는 자녀를 사랑하고 자녀는 부모에게 효도를 다해야 한다는 뜻이야. 부부유별은 남편과 아내가 서로 분별 있게 자신들의 본분을 다해야 한다는 것인데, 조선 시대에는 이 법도에 따라 부부가 각각 사랑채와 안채에서 생활했단다. 장유유서는 나이 든 사람과 어린 사람 사이에는 예절을, 붕우유신은 친구 사이에는 신의를 지키라는 것이지. 요즘의 우리들도 친구를 소중히 여기고 서로를 믿으며 우정을 나누어야겠지?

　삼강오륜이 생활 속에 녹아들기 위해서는 이를 어려서부터 배우고 익혀야 했어. 그래서 《천자문》 공부를 마치면, 인격을 수양할 수 있는 《명심보감》과 《소학》을 배워 삼강오륜을 몸소 실천하도록 했지.

　성리학을 깊이 믿게 되면서 종교처럼 여기게 된 것이 바로 유교야. 한양과 지방의 교육 기관에서는 유교 경전을 가르쳤어. 과거를 볼 때에도 시험 과목인 유교를 공부해야만 합격할 수 있었지. 그래야만 유교의 가르침대로 항상 백성을 생각하며 나랏일을 할 수 있기 때문이야.

　왕 또한 나랏일을 결정할 때에는 무엇보다 백성을 먼저 생각했어. 태종은 백성을 아끼는 마음에서 북을 쳐서 억울한 사정을 알리는 신문고를 설치하기도 했지. 또 글을 아는 양반들이면 누구나 임금께 상소문을 올려 자신의 의견을 말할 수 있었어.

조선은 유교적인 직업관에 따라 농업을 가장 중요하게 여겼어. 반면 상인이나 수공업자에게는 상공업 활동도 자유롭게 허락하지 않았고, 사회적으로도 매우 천하게 여겼지. 그때 장돌뱅이, 옹기장이, 도배장이 등 상공업자들을 낮추어 부르는 말이 만들어져 오늘날까지 전해진단다.

## 성리학의 가르침에 따라 관혼상제를 치르다

조선 사회가 성리학을 중심으로 돌아가다 보니 모든 의식이 성리학의 가르침대로 행해졌어. 주자가례라고 들어 보았니? 성리학의 체계를 완성한 남송의 학자 주자가 만든 가정의례 규칙이야. 나라에서도 모든 의식을 주자가례에 따라 치렀어. 종묘사직 등에 제사를 지내는 예식을 비롯해 장례식, 혼인식, 손님 접대식, 군대 의식 등이 그러했지.

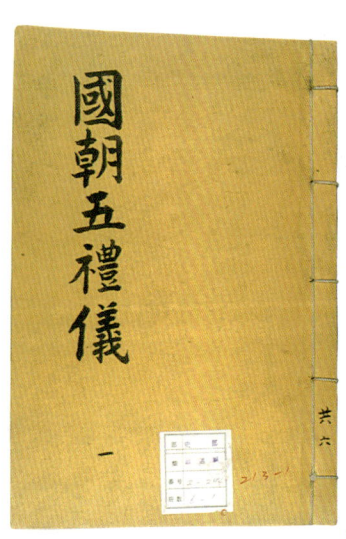

《국조오례의》는 나라에서 지내는 다섯 가지 의례에 대한 예법과 절차를 기록한 책이야.

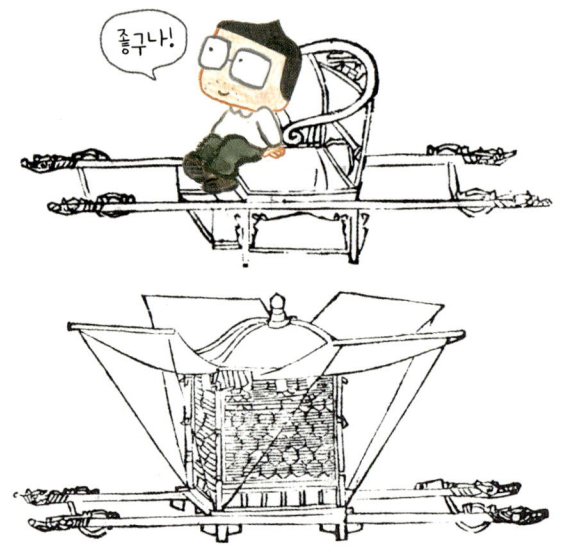

《국조오례의》에는 의례에 쓰여야 하는 물건이 그림과 함께 나와 있지. 위의 그림 모두 왕의 가마인데, 지붕이 없는 여(위)는 궁궐 안에서 쓰였고, 연(아래)은 밖에서 쓰였어.

통과의례처럼 사람이 태어나서 죽을 때까지 한 번은 꼭 치러야 하는 의식이 관혼상제야. 조선 시대에는 그 의식들이 모두 주자가례에 따라 알맞은 절차를 밟아 이루어졌단다.

먼저 관례를 알아볼까? 관례는 성인식을 말하는 거야. 관례는 좋은 날을 받아서 치러졌어. 남자는 15세가 되면 상투를 틀고 갓을 썼지. 반면 여자는 쪽을 지고 비녀를 꽂았는데 이것을 계례라고 했어.

혼례는 결혼식을 말하는 거야.《경국대전》에 남자는 15세, 여자는 14세가 되면 혼례를 치를 수 있다고 나와 있어. 혼례 날짜는 신부 집에서 정하고, 신랑 집에서는 혼례 전날 신부 집으로 함을 보냈어. 함 속에는 옷감과 '혼서'라고 부르는 편지가 들어 있었지. 혼례는 신부 집에서 치러졌어. 신랑은 사모관대를 머리에 쓰고 허리띠를 둘렀고, 신부는 자주색 깃에 아름다운 색동 소매가 있는 원삼을 입은 후 머리 위에 족두리를 얹었지.

〈평생도〉 가운데 혼례 부분이야. 신부 집에서 혼례식을 치른 신랑 신부가 말을 타고 신랑 집으로 가고 있어.

나이가 들어 죽음에 이르게 되면 장례식을 치르지? 그것이 상례란다. 옛날 사람들은 사람이 죽으면 하늘로 돌아간다고 생각했어. 가족들은 거친 삼베로 만든 상복을 입고 문상 온 손님들을 맞아 곡을 했어. 효를 중시하는 조선인지라 부모님이 돌아가시면 삼 년 동안 상복을 입고 부모님 묘 옆에 초막을 짓고 사는 시묘살이를 했단다.

마지막으로 돌아가신 분을 기리며 제사를 지내는 의식이 제례야. 제례는 조상이 돌아가신 날에 지내는 기제사와 명절에 지내는 차례로 나눌 수 있어. 보통 4대 봉사라고 하여 '부모, 조부모, 증조부모, 고조부모'까지 제사를 지냈단다.

한편 《경국대전》에 나온 법에 따라 사대부와 백성들이 꼭 갖춰야 하는 것이 가묘였어. 가묘는 집안 조상의 위패를 모셔 놓은 사당이야. 왕실의 사당은 종묘라고 앞에서 말한 적이 있지? 전쟁 시 피난 갈 때에도 가장 먼저 챙겼던 것이 가묘에 모신 위패일 만큼 조선 시대 사람들은 조상을 섬기는 마음이 지극했단다.

## 태어난 신분에 따라 저마다 다른 인생길로

조선 사회는 양반 중심의 신분제 사회였단다. 16세기 전까지는 크게 양인과 천인 이 두 가지 신분밖에는 없었어. 양인에 들어가는 사람은 양반, 중인, 상민이었어. 양반이란 문관을 가리키는 동반과 무관을 가리키는 서반을 합쳐서 이르는 말이었다가 점차 그 가족이나 후손까지 아우르는 말이 되었지.

양반들의 가장 큰 목표는 과거 시험에 합격하여 관리가 되는 거였어. 관리가 되면 나라에서 토지를 받아 잘살 수 있었지. 관리가 되지 않은 양반은 평생 글공부를 하고, 농사는 노비와 소작농에게 맡겼어. 양반 중에서 학식과 인품이 높은 사람을 선비라고 해. 양반은 군대에 가거나 군포를 내는 부담도 지지 않았어.

중인은 양반과 상민 사이에 있던 중간 계급이야. 통역을 하거나 병을 고치거나 천문과 기상을 예측하는 등 전문적인 기술직으로 일했지. 궁중의 내시나 관청의 하급 관리로 일하기도 했어. 중인 신분은 자식에게 이어졌기 때문에 아버지가 의관이면 아들도 의관이 되는 것이 일반적이었어.

상민은 주로 농업, 상업, 수공업에 종사했지. 사실 상민의 대부분은 농민이었어. 농민은 날이 훤히 밝아 오기 시작하는 새벽부터 밤늦게까지 고달픈 농사일에 시달렸어. 《경국대전》에는 농민들도 양인이라 과거를 볼 수 있다고 되어 있었어. 하지만 현실적으로는 먹고살기가 바빠서 불가능했지. 군대나 토목 공사에 동원되는 데다 병역의 의무를 지지 않을 때에는 군포를 내야 하고, 수확한 농산물의 일부를 세금으로 내야 했거든. 또 공납이라고 해서 굴비, 인삼, 사과 등 특산물도 세금으로 내야 했지.

조선 후기의 화가 김준근이 상민의 생활을 그린 모습. 농민이 밭을 갈고, 상인이 물건을 팔러 다니며, 수공업자가 그릇을 만들고 있어.

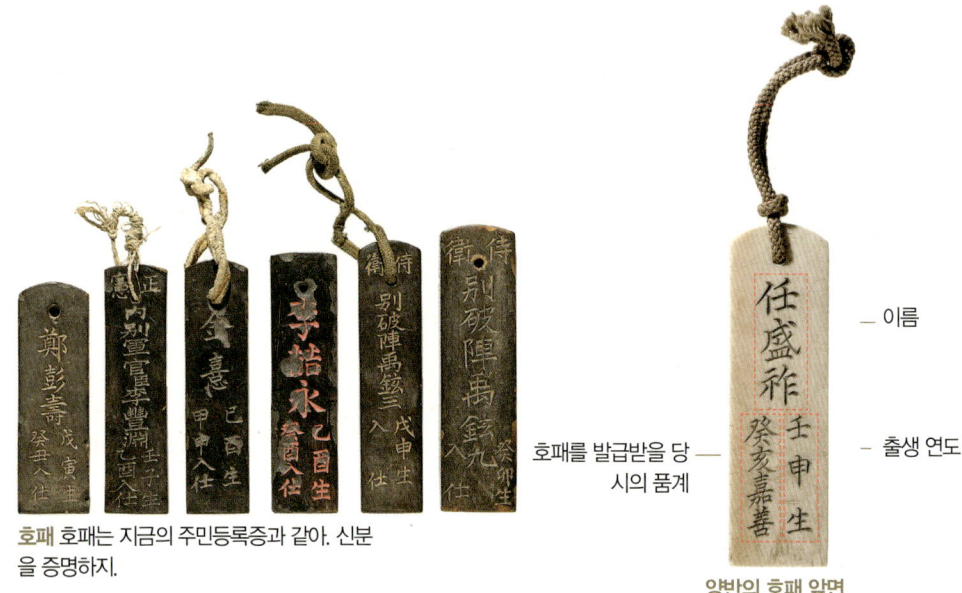

**호패** 호패는 지금의 주민등록증과 같아. 신분을 증명하지.

— 호패를 발급받을 당시의 품계
— 이름
— 출생 연도

**양반의 호패 앞면**

농민 외에 상인이나 수공업자들도 있었는데, 농민보다 사회적으로 천대를 받았다고 앞에서도 이야기했지?

이제 천인에 대해 알아볼까? 천인에는 노비가 들어가고, 무당, 기녀, 소돼지를 잡는 백정, 노래와 춤 등 각종 재주를 부리는 남사당패 들이 속해 있었지. 관청에 속한 노비를 관노비라 하고, 개인에 속하여 마당쇠처럼 마당을 쓸고 땔감을 베는 등 집안의 온갖 잡일을 하는 노비를 사노비라고 했어. 노비는 물건처럼 여겨져서 사고팔거나 선물로 주거나 자식에게 물려줄 수도 있었지. 부모 중 한 명이 노비이면 자식은 어쩔 수 없이 노비가 될 수밖에 없었단다.

조선 시대에는 16세 이상의 남자라면 누구나 호패를 차고 다녔어. 호패는 일종의 신분증이야. 양반이면 옥으로 만든 근사한 호패를 차기도 했지만, 대부분 나무로 만든 것을 차고 다녔지. 호패 제도를 처음으로 만든 사람은 태종이야. 양인에게서 세금을 걷기 위해서였단다.

조선 시대에는 아버지가 양반이어도 어머니가 첩이면 그 자손을 서얼이라 해서 사회적으로 몹시 천대했어. 그래서 홍길동 같은 서얼은 자신의 처지를 한탄할 수밖에 없었지. 서얼은 문과에 응시하기가 어려워서 대부분 무술을 익혀 무과에 응시했어.

16세기 이후에는 신분 사이의 차별이 엄격해지게 돼. 이전에 양인과 천인으로 구분했다면, 이후로는 양반과 중인, 상민, 천민으로 구별하지. 이는 상공업이나 기술학을 천하게 여기는 분위기가 더 심해지고 붕당의 갈등이 치열해지면서 신분 사이에 엄격한 차별을 두게 된 것이란다.

## 지위가 높았던 조선 전기 여성의 삶

고려 시대부터 조선 전기까지 여성은 집안 내에서나 경제적으로 지위가 비교적 높았어. 호적에는 성별에 관계없이 태어난 차례대로 이름이 올라갔고 부모의 재산도 똑같이 물려받았지.

이에 대한 증거가 되는 문서도 남아 있어. 조선 명종 때의 관리였던 송순의 재산 분배 문서인 '분재기'가 바로 그것이야. 분재기에서는 아들과 딸 모두에게 고르게 재산을 나누어 주고 있단다. 또 친손자나 외손자에게도 똑같이 물려주었지.

제사도 아들과 딸이 돌아가며 지냈어. 또 혼인을 하면 시댁에 가서 사는 것이 아니라, 오랫동안 남편과 함께 친정에서 사는 일도 흔했지.

한편 시와 서화를 통해 당시 여성들의 생각과 삶을 표현한 여성들도 있었단다. 어머니에 대한 지극한 효심으로 유명한 문신 노진의 어머니 권 씨는 자신의 환갑을 맞아 지은 시조에 임금님에 대한 은혜를 노래하기도 했어. 양반 사

신사임당은 결혼해서도 거의 20년 동안 친정어머니 곁에 살았으며, 화가로서도 자신의 능력을 발휘했어.

대부 집 여성들이 왕에 대해 어떠한 마음을 가졌는지를 알 수 있는 대목이지.

또 율곡 이이의 어머니 신사임당은 〈초충도〉에 자식을 뜻하는 포도와 가지 등을 그려 자식들이 잘되기를 바라는 마음을 담았단다.

그런데 16세기 이후부터 여성에 대한 제약이 생기기 시작했어. 그래 맞아. 성리학에 따른 유교 질서가 더욱 굳어졌기 때문이야. 이후 여성은 유교식 예절을 철저히 교육받아 현모양처의 길을 걸어가게 되었고, 사회적 활동이 철저히 통제되는 삶을 살게 되었단다.

### 엘리자베스 1세와 문정 왕후

지난 2000년을 맞아 역사학자들은 밀레니엄 시대가 낳은 최고의 역사 인물에 영국 여왕 엘리자베스 1세(1533~1603)를 선정했어. 일생을 혼자 살면서 "나는 국가와 결혼했다."라는 유명한 말을 남겼지.

1588년 영국은 에스파냐의 무적함대를 격파하여 바다에서 힘을 떨쳤고, 1600년에는 동인도 회사라는 독점 무역 회사를 세워 세계를 무대로 뻗어 나갔어. 여왕이 나라를 다스리는 동안 국민 문학도 꽃을 피웠지. 이름난 대문호 셰익스피어가 수많은 작품을 써 내며 활발하게 활동한 시기도 이때야.

그 무렵 조선에도 뛰어난 여걸이 있었어. 열두 살에 임금이 된 어린 명종을 대신해 수렴청정을 팔 년이나 했던 문정 왕후(1501~1565)가 바로 그 주인공이지. 문정 왕후는 남성 못지않은 강력한 정치력을 보여서 신하들을 꼼짝 못하게 했어. 불교를 억압하는 유교 사회였던 조선에서 300여 채의 절을 세우고, 승려들에게 벼슬을 내리는 도첩제까지 실시했으니 얼마나 정치력이 강했는지 알 수 있겠지?

만화로 보는 인물 이야기

# 조선을 빛낸 여걸, 정희 왕후

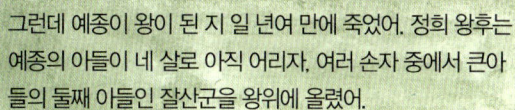

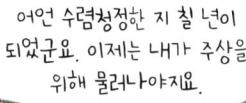

1391년
과전법이 실시되다

1392년
조선이 건국되다

1429년
《농사직설》을 펴내다

1434년
《삼강행실도》가 편찬되다

**1443년
훈민정음이 창제되다**

1498년
무오사화가 일어나다

1592년
임진왜란이 일어나다

# ④ 뛰어난 인물들이 조선을 빛내다

15세기에는 민족 문화가 찬란하게 꽃을 피웠어. 한글이 창제되고, 백성들이 보다 농사를 잘 지을 수 있도록 측우기 등 수많은 과학 기구가 발명되었어. 또 우리 형편에 맞는 의학서와 지리서, 농업 책 등 수많은 책이 편찬되었지. 조선 전기에 문화를 발전시킨 인물들은 주로 양반 사대부들이었어. 이제 조선 전기 민족 문화가 꽃피우던 때를 함께 찾아가 볼까?

1636년
병자호란이 일어나다

1654년
제1차 나선 정벌

## 백성을 위한 글자, 훈민정음이 탄생하다

　나라의 밑바탕을 이루는 법과 제도가 어느 정도 자리를 잡자 조선은 아름다운 문화를 꽃피울 수 있었어. 그동안의 노력으로 나라가 안정이 되었기 때문이지. 조선 시대의 왕 하면 가장 먼저 떠오르는 사람이 누구니? 혹시 세종 대왕이 퍼뜩 떠오르진 않니? 세종 대왕은 세계에서 가장 우수한 문자 가운데 하나인 훈민정음을 만들었단다. 1443년에 만들어진 훈민정음은 '백성을 가르치는 바른 소리'라는 뜻이야. 《조선왕조실록》에 따르면, 훈민정음은 세종 대왕이 직접 창안하여 만든 글자라고 해. 세종 대왕은 훈민정음을 만드느라 눈에서 진물이 흐를 정도로 고생이 심했지만, 굳세게 연구를 해 나갔어.

　하지만 1443년 세종이 훈민정음을 만들었다고 발표하자, 집현전 학사 최만리를 비롯해 여러 대신들이 물밀듯이 일어나 반대를 표하는 상소를 올렸어.

　"전하, 신라의 설총이 만든 이두가 있는데 새로운 글자를 만들 필요가 있사옵니까? 시급하게 처리해야

**이두**
신라 때 발달한 것으로 한자의 음과 뜻을 빌어 우리말을 표현하게 만든 글자야. 현대에 이르러 신라사 연구를 통해 설총이 이두를 만든 것이 아니라, 정리했다는 것이 밝혀졌지.

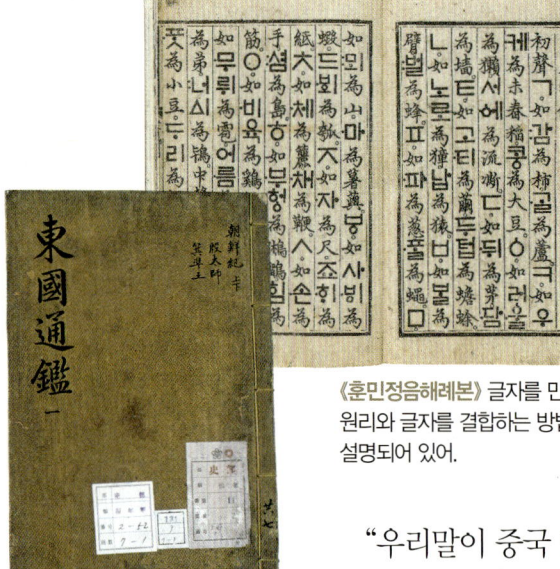

**《훈민정음해례본》** 글자를 만든 원리와 글자를 결합하는 방법이 설명되어 있어.

**《동국통감》** 조선 전기의 문신 서거정 등이 왕명을 받아 펴냈지.

할 일들이 산더미인데, 왜 시간을 상스러운 글자를 만드는 데 허비하십니까? 이제 새 글자를 사용하게 되면 모두 쉬운 글만 배우려 들어 옛 선현들이 한문으로 쓴 훌륭한 가르침을 배우려 들지 않을 것입니다."

세종 대왕은 정색을 하고 이런 의견들에 반박했어.

"우리말이 중국 말과 달라서 백성들이 글을 쓰는 것이 매우 어렵도다. 내가 이를 헤아려 불쌍한 백성들을 위해 글자를 만든 것이다. 설총이 이두를 만든 것은 백성들이 글자를 편리하게 쓰게끔 하려 함이 아니겠느냐? 나 역시 백성들을 도우려고 글자를 만든 것인데, 너희는 설총은 옳다 하고 왜 과인은 그르다고 하느냐?"

세종 대왕의 논리 있는 답변에 최만리 등은 고개를 들 수가 없었지. 이어서 세종 대왕은 예조 판서 정인지와 집현전 학사인 최항, 박팽년, 신숙주, 성삼문, 이개 등에게 훈민정음을 만든 동기와 과정, 사용하는 방법 등을 자세히 담은 《훈민정음해례본》을 만들게 했어. 《훈민정음해례본》은 1997년 유네스코에 의해 세계 기록 문화유산으로 등재되기도 했어.

훈민정음은 모음 11자와 자음 17자, 총 28자로 만들어진 소리글자야. 한자로는 표현하기 어려운 학의 울음소리나 개 짖는 소리까지도 쉽고 정확하게 표현할 수 있지. 훈민정음은 세계가 놀랄 만큼 과학적이고 독창적인 문자란다.

또 만들어서 바로 발표한 것이 아니라, 삼 년이나 시험하는 과정을 거쳐 부족한 점을 고쳐 나갔어. 드디어 세종 28년인 1446년, 세종 대왕은 널리 백성들이 쓸 수 있도록 훈민정음을 반포했지. 훈민정음이 반포된 뒤 우리의 국문학은 하루가 다르게 발전했단다.

## 수많은 책들이 편찬되다

15세기 조선은 민족 문화가 발달하여 찬란한 꽃을 피웠어. 세종이나 성종 같은 훌륭한 임금들이 나라의 발전을 위해 여러 가지 책을 펴내도록 했지. 세종 대왕은 집현전을 통해, 성종은 홍문관을 통해 조선을 대표하는 책들을 펴냈어.

역사책을 펴내는 일도 활발하게 일어났단다. 세종 대왕 때 김종서, 정인지에 의해 《고려사》가 편찬되기 시작하여 문종 때 완성되었는데, 잇따라 그 내용을 줄여서 《고려사절요》가 나왔어. 또 성종 때는 서거정 등이 단군 조선에서 고려 때까지의 역사를 담은 《동국통감》을 펴냈어. 이 책은 우리나라의 역사를 최초로 통사로 기록한 책이야.

조선은 '역사를 정치의 거울'이라고 생각했어. 그래서 임금이 돌아가시면 다음 임금 때에 지난 왕이 한 일을 고스란히 적은 실록을 펴냈지. 이것이 《조선왕조실록》이야.

**《동국통감》**
《삼국사기》나 《삼국유사》는 삼국 시대만을 기록한 데 비해 《동국통감》은 고조선 때부터 조선 바로 전 왕조인 고려 때까지의 역사를 하나로 이어지게 담았어.

한편 조선은 성리학의 나라이니만큼 성리학에서 강조하는 '예'를 실천하기 위해 일반 백성을 위한 예절서를 펴냈어. 대표적으로 세종 대왕이 펴낸 《삼강행실도》에는 알기 쉬운 그림과 함께 성리학에서 가르치는 예절이 설명되어 있어. 설순 등이 중국과 조선의 충신, 효자, 열녀를 가려 뽑아 그들의 이야기

## 한눈에 보는 《삼강행실도》

《삼강행실도》 중 강혁거효 편이야. 일찍이 아버지를 여읜 강혁이 홀어머니께 효를 다한 이야기야. 강혁은 난리 때 어머니를 업고 피난을 다니는가 하면 맨발로 품팔이를 하여 어머니를 모셨어. 말년에 어머니와 함께 고향으로 돌아왔는데, 노모를 흔들리는 수레 속에 모실 수 없다 하여 자신이 말 대신 수레를 끌었지.

《삼강행실도》 일반 백성을 위한 예절서야.

를 책으로 만들었지.

　세종 대왕은 우리의 형편에 맞는 농업 책도 편찬시켰어.

"우리나라에는 중국에서 만든 농업 서적만 있소. 우리 농부들이 농사짓는 방법을 조사하여 우리나라 형편에 맞는 책을 펴내도록 하시오. 직접 물어보고 다니란 말이오!"

　이렇게 해서 나온 책이 《농사직설》이야. 우리나라 최초의 농업 서적이지. 또 우리에게 맞는 약재와 치료법을 개발하려는 노력도 의학 책이 편찬되면서 결실을 맺었어. 우리나라의 의학 정보를 모두 정리한 《향약집성방》과 동양 최대의 의학 백과사전인 《의방유취》가 바로 그것이지.

　조선에서는 나라를 다스리는 데 필요한 지리 지식을 쌓기 위해 지도와 지리서도 펴냈어. 태종 때인 1402년에 만든 〈혼일강리역대국도지도〉는 우리나라 역사 최초의 세계 지도야. 이 지도에는 놀랍게도 아프리카와 유럽까지 나와 있어. 한 번도 서양에 가 본 적이 없던 조선 사람들이 어떻게 이런 지도를 만들었을까? 이러한 지도가 가능했던 건 유럽까지 정복했던 칭기즈 칸의 지리 지식이 고려 때 전해졌기 때문이야. 하지만 안타깝게도 현재 우리나라에 있지 않고 일본 류코쿠 대학에 있지.

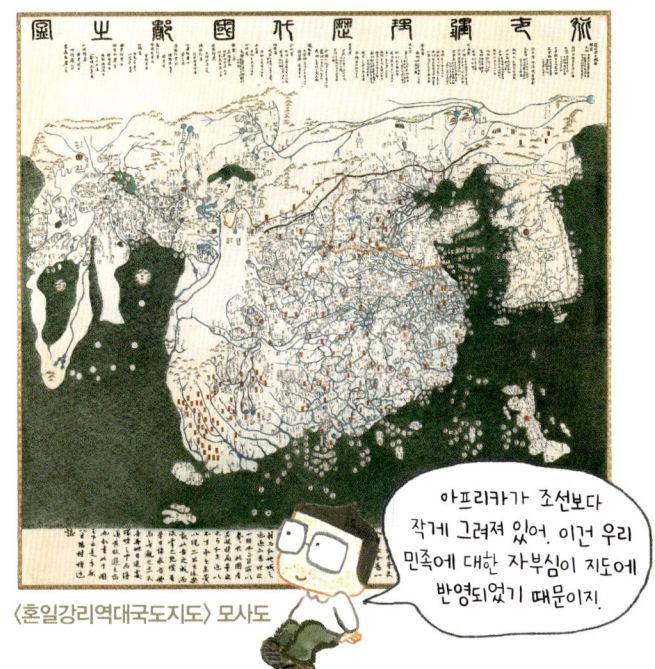

〈혼일강리역대국도지도〉 모사도

아프리카가 조선보다 작게 그려져 있어. 이건 우리 민족에 대한 자부심이 지도에 반영되었기 때문이지.

한편 세종 대왕 때 최윤덕과 이천이 여진족을 내몰고 압록강 주변에는 4군을, 두만강 주변에는 6진을 개척했는데, 세종 대왕 때 편찬한 지리 책인 《신찬팔도지리지》에 이 영토들이 잘 나타나 있었어. 문제는 이 책이 현재 전해지지 않고 있다는 거야.

성종 때에는 각 도의 역사와 문화, 인물, 문학 작품 등을 방대하게 정리한 《동국여지승람》이 편찬되었어. 이 같은 활동을 통해 나라를 다스리는 기반이 다져졌단다.

## 과학 기술이 놀랍게 발달하다

조선은 농업을 아주 중요하게 생각했어. 농업이 잘되어야 백성이 안정된 생활을 하고, 백성이 잘 살아야 국가 재정도 튼튼해진다고 생각했지. 나라에서는 농민에게 날씨와 계절에 대한 정보를 정확히 알려 주려고 과학 기구를 만드는 데 많은 노력을 기울였어.

우선 농사를 짓는 데 가장 중요한 것은 비가 오는 양을 가늠하는 거야. 한 해 동안 비가 얼마만큼 내렸는지를 측정해서 통계를 내면, 다음 해에 농사를 짓는 데 도움이 되었지. 《조선왕조실록》에 의하면 처음 비가 내리는 양을 측정해 보겠다는 생각은 문종이 세자 시절에 한 거래.

"자를 가져와 보아라. 땅에 빗물이 얼마나 고였는지 재 보겠노라."

그런데 세자는 자를 젖은 땅에다가 놓고 빗물의 양을 재려고 했어. 그러니 비의 양을 제대로 잴 수가 없었지.

'장영실에게 부탁을 해야겠군.'

세종 대왕 때에는 무엇이든 뚝딱뚝딱 잘 만드는 척척박사, 장영실이 있었

측우기 비의 양을 재는 도구   앙부일구 시간을 알려 주는 해시계

어. 원래는 부산 동래현 관청에 소속된 노비였는데, 워낙 재주가 뛰어나다 보니 세종 대왕이 그에게 벼슬을 내려 여러 가지 기구들을 만들게 했지. 세종 대왕 때 만든 과학 기구의 대부분은 장영실이 발명한 거야. 대표적인 것이 자동 물시계인 자격루와 해시계 앙부일구이지.

앙부일구는 가마솥같이 오목한 시계판이 하늘을 우러르고 있다고 해서 붙은 이름이래. 앙부일구에는 길고 뾰족한 바늘이 달려 있어. 햇빛이 그림자를 만들어 갈 때마다 바늘은 시각과 절기를 알려 주는 역할을 멋지게 해냈지.

우리나라에는 신라 시대부터 해시계가 있었어. 그런데 밤이 되거나 날씨가 흐리면 작동할 수가 없다는 문제가 있었지. 그 후로 물시계가 만들어졌지만, 시간을 알려 주는 사람이 꼭 지켜 서서 보아야만 시간을 알 수 있다는 문제점이 있었어.

이에 장영실이 시간을 측정하는 시계 장치와 시각을 알려 주는 시보 장치가

최초의 자동 시계 자격루

함께 달린 자동 물시계, 자격루를 발명했어. 자격루는 약 두 시간마다 시보 장치에 있는 세 인형이 종과 북과 징을 쳐서 시간을 알려 주었어. 이때 시간을 상징하는 열두 마리 동물도 자기 차례에 튀어나왔지. 당시로서는 정말 대단한 발명이었어.

앞에서 하던 측우기 이야기로 돌아갈까? 세자의 부름을 받고 장영실이 한달음에 달려왔어.

"내가 아무리 해 봐도 쉽지 않구려. 경이 비의 양을 측정할 수 있는 기구를 만들어 보시오."

그날부터 장영실은 연구에 몰두했어. 드디어 1441년 장영실은 비의 양을 정확히 잴 수 있는 측우기를 제작했어. 먼저 빗물을 담는 철제 원통을 만든 다음, 이 통 속에 '주척'이라는 자를 설치했지. 이탈리아의 카스텔리가 1639년에 발명한 측우기보다 약 200년이나 앞서서 제작된 것이야. 정말 대단한 일이지?

세종 대왕 때는 무기도 활발하게 발명되었어. 고려 말 화포를 제작한 최무선의 아들 최해산은 한 번에 15발씩 연달아 백여 발을 쏘아 올리는 로켓형 화살 무기 신기전을 발명해 냈어. 이천이란 과학자는 천문 기구 제작의 총책임을 맡았을 뿐 아니라, 금속 활자 인쇄 기술도 개량했어. 그리고 운반하기 쉽도록 조립식으로 총통완구를 발명했는데, 이 무기로 큰 돌을 쏘아 던질 수 있었단다. 이천은 바다 위를 빠르게 달릴 수 있는 쾌속선도 발명하여 대마도를 정벌하는 데 크게 이바지했어.

이렇듯 과학 기술의 발달로 인해 조선의 농업 생산력은 높아졌단다. 백성들의 살림살이도 나아졌고 말이야. 우리나라가 휴대폰과 반도체, 정보 통신 등의 분야에서 세계적으로 이름을 드날리게 된 것은 우리 조상들의 과학적인 지혜와 기술력을 이어받았기 때문이야.

## 지적이고 소박한 양반 사대부의 문화

조선 전기의 문화는 양반을 중심으로 펼쳐지는 사대부의 문화였어. 양반 사대부들은 한시를 짓고 한문학을 즐기며 살았지. 양반들은 생활 속에서 서예를 하는 일이 익숙해서 붓을 들면 술술 멋진 글을 쓸 수 있었어.

조선의 선비들은 검소했어. 사치스러운 청자보다는 소박한 분청사기를 더 좋아했지. 물고기 문양은 분청사기에 자주 나오는 모양이야. 풍요와 다산을

〈몽유도원도〉 안견의 대표적인 작품이야. 한국 산수화가 발전하는 데 큰 영향을 끼쳤지.

정말 멋진 그림이지? 그런데 안타깝게도 우리 문화재가 일본 덴리대학교 중앙 도서관에 가 있어.

뜻하지. 특히 새하얀 백자는 선비의 고결함과 잘 어울려서 조선 시대를 대표하는 도자기가 되었어. 조선 백자는 감상뿐 아니라, 실용적인 생활용품으로도 쓰였단다.

조선 시대의 양반들은 그림도 즐겨 그렸어. 그림을 그리며 마음을 갈고닦으려 했던 거야. 그림을 볼 때에도 그 속에 어떤 뜻을 담았는가를 중시했지.

조선 전기를 대표하는 그림인 〈몽유도원도〉가 어떻게 탄생했는지 살펴볼까? 세종의 셋째 아들인 안평 대군은 어느 날 신하 박팽년과 함께 무릉도원을 거니는 신기한 꿈을 꾸었어. 안평 대군이 화가 안견에게 이 꿈을 그리라고 했고, 이렇게 해서 사흘 만에 완성

분청사기 상감 물고기 무늬 매병

된 그림이 〈몽유도원도〉야. 얼마나 그림이 훌륭했던지 김종서, 정인지, 박팽년 등 당대 최고의 문인들이 찬사의 글을 남겼어.

조선 전기에는 음악도 발달했어. 세종 대왕 때 박연은 궁중 음악인 아악을 정리했지. 성종 때에는 성현 등이 궁중 음악, 향악, 당악, 악기 등을 그림과 함께 설명한 《악학궤범》을 편찬했단다.

### 서양의 르네상스와 조선의 15세기 황금 문화

르네상스란 프랑스 말로 '부흥', '재생'을 뜻하는 말이야. 그런데 무엇을 부흥시킨다고 하는 것일까? 서유럽에서는 중세 때 신과 교회만이 중시됐기 때문에 사람들에게 자유가 없었어.
그러다가 근대에 접어들면서 인간을 중시했던 고대 그리스 로마 문화를 되살리려는 르네상스가 시작되었지. 가장 먼저 르네상스가 발달한 곳은 이탈리아였어. 14세기 무렵부터 이곳에서 인간 중심적이면서 현실 세상을 중시하는 훌륭한 예술 작품들이 많이 탄생했어. 미켈란젤로, 레오나르도 다 빈치, 라파엘로가 르네상스 시대를 대표하는 3대 예술가야.
이탈리아에서 아름다운 르네상스 작품이 쏟아져 나올 무렵, 조선에서도 세종에서 성종 시기에 찬란한 민족 문화가 활짝 피어났단다.

이 달의 책

# 백성을 위하는 마음이 담긴
# 《경국대전》

《경국대전》은 세조에서 성종에 이르는 동안에 완성된 책이야.
이 책에는 조선을 유교의 법도에 따라 다스릴 수 있게 나라의 기본
원칙들을 정리해 두었단다.

## 《경국대전》은 왜 꼭 필요했을까?

《경국대전》은 정의로운 사회를 만들어 백성이 편안하고 안정된 삶을 누릴 수
있게 하려고 만든 거란다. 법이 있어야 사회의 정의가 바로 서기 때문이지.
이 규정은 그냥 만든 것들이 아니야. 규정 하나하나마다 백성을 생각하는
마음을 담았지. 의정부와 6조를
공부한 적이 있지? 6조의 관리들이
나랏일을 볼 때 참고로 하는 법전이
바로 이 법전이었어.

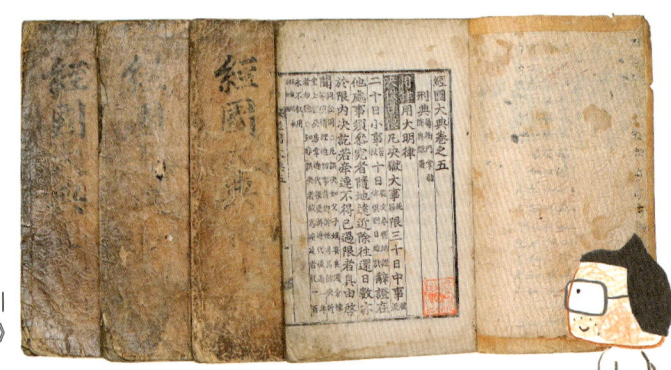

백성을 위하는 마음이
담긴 《경국대전》

## 《경국대전》은 어떻게 사용되었을까?

관리를 임명하거나 승진시킬 때에는 이전에 나와 있는 규정을 참고했어.
세금을 언제 걷을지, 흉년이 들었을 때 백성에게 어떤 조치를 해 주어야 할지
궁금할 땐 호전을 펼쳐 봤지.
교육과 과거, 외교에 대한 업무를 볼 때는 예전을 찾아보고, 국방에 관한 일을
할 때는 병전을 펼쳐 봤어. 어떤 형벌을 주어야 할까 고민이 되면 형전을 찾아보면
되었고 말이야. 끝으로 건축과 도로 공사에 대한 규정은 공전에 나와 있었어.

## 《경국대전》에는 어떤 법이 있었을까?

### 예전
과거, 의례, 외교, 제사에 대한 규정을 담은 법전이야. 남자는 15세, 여자는 14세가 되어야 혼인할 수 있다고 나와 있어.

### 형전
형벌, 재판, 노비에 대한 규정을 담은 법전이야. 공노비에게는 출산 휴가 규정이 있었어. 여자가 임신을 하면 아이를 낳기 전 30일, 낳은 후에는 50일 동안 휴가를 줬어. 남편도 해산 후 15일 동안 휴가를 줬고 말이야. 그 시대에 이런 법이 벌써 있었다니 놀라운걸!

### 호전
호적, 토지 제도, 환곡에 대한 규정을 담은 법전이야. 백성이 세금으로 낸 쌀과 곡식 등을 관리가 가로채면, 그 사람이 죽은 뒤에도 죄를 따져 물어 그의 아내와 자식에게 강제로 받아 낼 수 있었어. 백성을 얼마나 아꼈는지 알 수 있는 대목이야.

1391년
과전법이 실시되다

1392년
조선이 건국되다

1429년
《농사직설》을 펴내다

1443년
훈민정음이 창제되다

1434년
《삼강행실도》가 편찬되다

**1498년
무오사화가 일어나다**

1592년
임진왜란이 일어나다

# 피바람을 헤치고 사림 세력이 성장하다

⑤

조선 전기에는 훈구 세력과 사림 세력이 서로 날을 세우며 심하게 대립했어. 그 과정에서 훈구 세력이 사림 세력을 공격해 많은 사대부들이 억울하게 죽었지. 하지만 사림은 선조 때부터 정치 권력을 독차지한 뒤 붕당을 만들어 다툼을 계속했어. 사림은 지방의 서원과 향약을 바탕으로 세력을 키워서 중앙 정계에 끊임없이 진출했단다. 자, 이제 조선의 흥미진진한 정치 역사에 대해 공부해 볼까?

1636년
병자호란이 일어나다

1654년
제1차 나선 정벌

## 훈구 세력과 사림 세력의 대립

조선 전기에 권력을 잡았던 정치 세력을 훈구 세력이라고 해. 훈구라는 말이 어렵지? '훈구'란 대대로 공을 세웠다는 뜻이야. 그들은 조선이 건국될 때 이성계를 도와 공을 세웠거나 세종의 둘째 아들인 수양 대군이 단종의 왕위를 빼앗아 왕좌에 앉을 때 적극적으로 도운 세력들이었어.

그러면 수양 대군이 왕좌에 앉을 때 훈구 대신들이 어떻게 도왔는지 살펴볼까? 세종 대왕 다음으로 왕위에 올랐던 맏아들 문종은 몸이 매우 약했어. 문종은 눈을 감기 전 김종서와 집현전 학사들인 성삼문, 박팽년, 신숙주 등에게 어린 세자를 부탁했지.

"경들에게 어린 세자를 부탁하오. 부디 잘 보필해 주시오."

그런데 숙부인 수양 대군이 단종의 왕위를 빼앗기 위해 단종을 보호하던 세력들을 무참히 죽여 버렸어. 좌의정 김종서와 황보인 등 여러 관리를 비롯해 친동생 안평 대군까지 죽인 뒤 왕위에 올랐지. 수양 대군은 이렇게 피바람을 일으키며 조선의 제7대 왕이 되었어. 1453년에 일어난 이 사건이 계유정난이야.

"수양 대군에게 빼앗긴 왕위를 되찾아 드립시다."
"나는 이미 목숨을 바칠 각오가 되어 있소이다."
 성삼문, 박팽년, 이개, 하위지, 유성원, 유응부 등의 충신들은 명나라 사신을 접대하는 자리에서 수양 대군 즉 세조를 죽여 단종을 복위시키려고 했어. 하지만 김질이라는 사람이 비밀을 누설하는 바람에 모두 붙잡혀 실패했지. 이들은 모진 고문 끝에 온몸이 찢기는 참혹한 형벌을 받고 생을 마감했어. 이들이 충절로 이름 높은 '사육신'이란다. 사육신의 죽음과 함께 단종을 지지하던 세력은 몰락하고, 훈구 세력은 더욱 세력을 떨치게 되었지. 처음에 훈구 세력은 나라의 기틀을 마련하는 데 공을 세웠지만 점차로 부패해 갔어.

그 후 조선의 제9대 임금이 된 성종은 모든 권력을 훈구 세력이 독차지한 것을 보고는 이들과 균형 있게 정치를 펴 나갈 새로운 세력을 찾게 되지.

'여기도 훈구 대신, 저기도 훈구 대신뿐이로군. 새로운 인물이 없을까?'

성종의 이러한 마음을 만족시켜 준 신하가 나타났는데, 그가 바로 김종직이었어. 그는 고려 말 충신인 길재의 제자였어. 길재는 고려 말 평생 조선에 충성하지 않겠다고 결심하고 고향인 경상도로 내려가 학문에 몰두하며 제자들을 길러 냈지. 길재의 제자들은 성리학의 이념에 충실하여 단종의 왕위를 불법으로 빼앗은 세조를 섬기지 않고 지방에서 공부하며 지냈어. 성종 때를

**청령포** 폐위된 단종이 유배되어 처음 몇 달간 머물던 곳이야.

전후하여 나타난 이 세력을 사림이라고 하지.

성종은 김종직에게 추천을 받아 중앙의 관리로 사림을 등용시켰어. 사림 세력은 학문이 깊고 글을 잘 썼기 때문에 주로 언론 기관이라고 할 수 있는 3사의 관리가 되었지.

그런데 사림의 눈에 훈구 세력은 대농장을 소유하고 있으면서 권력을 마음대로 휘두르는 등 문제가 많아 보였어. 사림 세력들은 그런 사람을 찾아내어 여지없이 비판하고 관직에서 쫓아내려 했지. 사림 세력은 도덕과 의리를 중시하고, 백성을 위하는 정치를 학문의 목표로 삼았기 때문이야.

"저 괘씸한 사림들 때문에 꼼짝달싹 못하겠군."

"저들을 가만 놔둬서는 안 되겠습니다."

훈구 세력과 사림 세력은 날이 갈수록 감정의 골이 깊어지기 시작했어. 훈구 세력은 기회만 생기면 어떻게든 사림 세력을 몰아낼 궁리를 했단다.

## 피바람을 불러온 네 번의 사화

성종이 죽은 뒤 조선의 제10대 임금으로 연산군이 왕위에 올랐어. 연산군은 성종의 큰아들이었어. 조선은 제10대 임금이 나올 때까지 단 두 명만 맏아들이 왕위를 계승했어. 이런 가운데 연산군이 즉위를 했으니 사람들이 모두 기뻐했지. 하지만 연산군은 성질이 포악하고 사치와 방탕에 빠져 놀기만 좋아했어.

**연산군**
조선의 임금들은 눈을 감고 삼년 상이 끝나면, 그 업적에 따라 종과 조라는 묘호가 붙었어. 문종, 태조 이렇게 끝에 붙은 종과 조가 묘호이지. 그런데 연산군이나 광해군은 왕위에서 쫓겨났기 때문에 묘호를 받지 못했어.

훈구 세력들은 연산군에게 단종을 폐위하고 왕위에 오른 세조를 사림 세력이 비방하였다며 처단해야 한다고 부추겼어. 안 그래도 사림들이 눈엣가시였던 연산군은 이 사건을 계기로 사림들을 죽음에 몰아넣는 일대 사건을 일으키게 되지. 선비들이 화를 입었다고 하여 '사화'라고 해. 이 일이 첫 번째 사화인 무오사화야. 사화는 연산군 이후까지 계속되어 모두 네 번 일어났는데, 그중 두 번이 연산군 때 일어났어.

연산군은 조선 최고의 폭군이었어. '흥청망청'이란 말이 있어. 흥청은 연산군이 전국에서 불러 모은 노래와 춤 잘하는 기생들을 말해. 흥청망청이란 '흥청과 놀다가 망했다.'는 뜻이야. 이 말대로 1506년 중종반정이 일어나 연산군은 왕위에서 쫓겨났어.

폭군 연산군이 쫓겨나고 새롭게 보위에 오른 중종은 올곧기로 소문난 선비인 조광조를 깊이 신임했어. 조광조와 밤늦도록 함께 공부하기도 했지. 조광조와 사림들은 백성을 위한 개혁 정책을 폈어.

그런데 어느덧 조광조의 세력이 커지자 중종은 이를 견제하게 됐어. 평소 훈구 세력들은 조광조가 마음이 맑고, 학문을 잘하는 인재를 추천하여 관리로 등용하는 제도를 실시한 것에 많은 불만을 가져 왔어. 이 제도 때문에 날이 갈수록 사림 세력이 늘어났기 때문이야. 그러던 중 조광조가 연산군을 내쫓을 때 공을 세운 신하 모두에게 상을 주면 국가 재정이 어려워진다며 76명을 공신에서 삭제했어.

이에 훈구 세력이 들고일어나 조광조를 해할 모략을 꾸몄어. 훈구 세력은 꿀로 나뭇잎에 '주초위왕(走肖爲王)'이라는 글자를 만들어 벌레들이 갉아 먹게 한 뒤 중종이 이 나뭇잎을 보도록 했지.

"이 나뭇잎에 새겨 있는 글자가 무엇이더냐?"

"주초위왕, 즉 조(趙) 씨가 왕이 된다는 말입니다."

"아니, 이런 해괴한 일이! 당장 조광조를 잡아들여라."

중종은 너무나 곧은 조광조에게 싫증이 났던 차라 훈구파의 주장을 받아들여 조광조와 그를 지지하는 사람들을 역모 죄로 몰아 잡아들였지. 조광조에게는 사약을 내리고, 사람들은 유배를 보내 버렸어. 1519년에 일어난 이 사화를 기묘사화라고 해.

마지막 사화인 을사사화는 1545년 명종 때 일어났어. 이 사화는 외척인 파평 윤 씨 두 세력 간에 다툼을 하는 가운데 많은 사람들이 희생된 사건이야. 사화가 네 번 일어나는 동안 수많은 사람들이 희생되었지. 하지만 그들의 뿌리는 지방에 세워 놓은 서원과 향약에 있었기에 후학들이 과거 제도를 통해 새

록새록 다시 중앙 정계로 진출했어. 그래서 결국 16세기가 되면 정권은 사림 세력이 차지하게 된단다.

## 사림파가 무리지어 만든 붕당

사림 세력이 권력을 독점하게 된 데는 제14대 임금인 선조의 영향이 컸어. 선조는 학문을 매우 좋아하는 임금이었기 때문에 사림을 잘 대우해 주고 중앙 정계에 등용시켰어. 그런데 사림이 정권을 잡게 되자 사림들끼리 무리를 지어 당을 만들었어. 이러한 당을 붕당이라고 하지.

처음 붕당이 생기게 된 계기는 이조 전랑 자리 때문이었어. 이조 전랑은 그리 높은 관직은 아니었지만, 3사의 인사권을 가지고 있어서 많은 사람들이 눈여겨보는 관직이었지. 또 이들에게는 임기를 마치고 물러나는 사람이 자기 대

학문을 즐기던 선조가 쓴 당나라의 시가 병풍 안에 담겨 있어.

선조 덕분에 사림들이 세력을 키울 수 있었구나!

신 올 사람을 추천할 수 있는 특권이 있었어.

이에 따라 1573년에 김효원이라는 사람이 후보에 올랐는데, 당시 이조 참의로 있던 심의겸이 반대를 했어. 우연히 심의겸이 윤원형의 집에 김효원이 방문하는 것을 보고는 그를 권력가의 집에나 드나드는 아첨꾼으로 오해한 거야. 외척인 윤원형은 명종 때 권력을 잡고 부정부패를 일삼던 사람이었어. 김효원은 심의겸의 반대로 이조 전랑 자리에 오르지 못했다가 한 해 뒤 다시 추천되어 겨우 오를 수 있었어. 문제는 1575년 김효원이 물러날 때 일어났어.

**외척**
왕의 처가나 외가를 말하지. 심의겸과 심충겸은 명종 비인 인순 왕후의 동생이었어.

"심충겸은 외척이므로 절대 안 됩니다."

심의겸의 동생 심충겸이 이조 전랑 자리에 추천되었는데, 이번에는 지난번 일을 마음에 담아 두고 있던 김효원이 반대를 하고 나섰어.

이후 사림은 두 편으로 나뉘었지. 신진 관료인 김효원을 지지하는 사람들은 김효원의 집이 서울 동쪽에 있어 동인이라고 했고, 선배 관료였던 심의겸을 지지하는 사람들은 심의겸의 집이 서울 서쪽에 있어 서인이라고 했지. 이것을 동서 분당이라고 해.

그 후 동인과 서인도 각각 온건하고 강건한 성향에 따라 두 파로 나뉘었어. 이렇게 붕당은 점점 분열하면서 힘겨루기를 했어. 붕당은 비단 정치뿐 아니라 결혼이나 일상생활에도 큰 영향을 끼쳤어.

붕당이 시작되었던 초기에는 서로의 의견을 비판하고 견제하면서 건전한 정치 문화가 이어졌어. 하지만 17세기 이후에는 붕당 정치가 변질되면서 국론이 어지럽게 나뉘고 갈등이 심화되는 등 큰 문제를 빚는단다.

### 서원과 향약

조선 중기 이후에 지방에 생긴 사립 교육 기관을 서원이라고 해. 서원은 지금의 사립학교와 비슷하지만, 크게 다른 점이 있어. 서원마다 이황이나 이이 같은 학식과 인품이 높은 선비들에게 제사를 지내고, 그들을 본받도록 인재들을 가르쳤다는 거야.

조선 명종 때 퇴계 이황이 서원은 훌륭한 교육 제도라며 나라에서 지원해 줄 것을 건의했어. 나라에서는 이를 받아들여 많은 책과 토지, 노비를 서원에 내리면서 토지에 세금을 면하고 노비들을 부역에서 제외하는 특권을 주었어. 서원이 늘어 가면서 지방의 학문과 문화도 발전했어. 하지만 같은 서원 출신의 선배가 붕당 싸움에 희생되면, 후배들이 그 맥을 이어 원수를 갚으려 했기 때문에 문제였지. 이렇게 붕당은 점점 갈등이 커져 갔단다.

**소수 서원과 현판** 소수 서원은 조선 최초로 임금이 이름을 지어 내린 사액 서원이야. 명종이 친히 현판을 써 주었지.

왕으로부터 현판과 토지, 노비, 책 등을 받은 서원을 사액 서원이라고 해.

한편 사림들은 지방에 중소 지주로 살면서 수령을 도와주기도 하고 나쁜 풍속이 있으면 성리학에 맞게 고쳐 나가면서 백성들이 지켜야 할 덕목인 향약을 널리 알려 나갔어. 향약에는 네 가지 덕목이 있어. 그것은 바로 착한 일은 서로 권한다(덕업상권, 德業相勸), 잘못한 일은 서로 규제한다(과실상규, 過失相規), 서로 예절을 지킨다(예속상교, 禮俗相交), 어려운 일은 서로 돕는다(환난상휼, 患難相恤) 란다.

　이렇게 사림은 지방의 서원과 향약을 바탕으로 세력을 키워 나갔기 때문에 16세기 후반에 이르러 중앙 정치 무대에서 힘을 휘두를 수 있었어.

### 신항로 개척과 무오사화

역사를 공부할 때는 세계사와 한국사를 함께 아울러서 살펴보는 것이 중요해. 1498년 서양과 조선에서는 전혀 다른 사건이 일어났지. 서양에서는 그동안 지중해를 이용하여 동방으로 가던 항로 대신에 대서양을 이용하여 동방과 신대륙으로 가는 신항로를 개척하는 데 애쓰고 있었어. 1498년 포르투갈의 바스쿠 다가마는 아프리카의 희망봉을 돌아 인도의 코지코드(캘리컷)에 도착하여 신항로를 개척하는 데 성공했어. 이렇게 서양에서 활발하게 신항로를 개척하고 있었을 때, 조선은 연산군이 무오사화를 일으켜 선비들을 떼죽음으로 몰고 가고 있었어. 눈을 세계로 넓히기는커녕 나라 안에서 학문하는 사람들을 죽음으로 몰았으니 15세기에 이룩한 민족 문화가 퇴보할 수밖에 없었어.

이달의 책

오대산 사고

## 자랑스러운 우리 민족의 유산
# 《조선왕조실록》

《조선왕조실록》은 유네스코가 지정한 자랑스러운 세계 기록 문화유산이야. 조선 제3대 임금인 태종 때 《태조실록》이 완성된 것을 시작으로 제26대 임금인 고종 때 《철종실록》이 완성되면서 472년간 25대 임금들의 역사가 당대 최고의 사관들에 의해 생생하게 기록됐어.

## 실록은 어떻게 만들었을까?

왕이 돌아가시면 먼저 춘추관에 실록청이 설치되어 그동안 사관이 기록하고 있던 사초를 모은단다. 이러한 사초와 자료들을 토대로 몇 번의 수정을 거쳐 실록이 완성되는 거지. 사관이란 역사를 기록하는 관리를 말하는데, 왕이 살아 있을 때 정치를 하는 현장에서 사초를 작성했어. 사초는 역사 기록 초본이야. 사관이 직접 작성하는 것이 원칙이지. 또 스승이나 부모님, 아내, 친구 등 그 누구에게도 보여 주지 않았지. 그래야만 어떠한 압력도 받지 않고 사관의 생각을 올곧게 써 나갈 수 있었기 때문이야.

## 실록은 어떻게 보관했을까?

실록은 너무나 소중한 책이기 때문에 혹시 전쟁이 나면 불탈까 봐 한양의 춘추관을 비롯한 4대 사고에서 보관했어. 그런데 정말 임진왜란을 겪으면서 전주 사고에 있는 책만 남고, 나머지는 모두 불타 버리고 말았어. 나라에서는 전쟁 후에 다시 실록을 네 질 만들어 춘추관과 다른 네 사고에 보관했어. 그런데 인조 때 이괄의 난이 나면서 춘추관의 실록이 모두 불타 버렸지.

그 후에는 실록을 정족산, 태백산, 적상산, 오대산에 보관했어. 또 일제 강점기에는 조선 총독부가 제멋대로 실록을 한 질 가져갔다가 일본에 큰 지진이 일어나 불타 버리는 수난을 겪기도 했어. 숱한 어려움을 이겨 내고 우리에게 전해진 《조선왕조실록》은 후손에게 길이 물려줄 우리 민족의 위대한 유산이자 세계 기록 문화유산이야.

세계 기록 문화유산인 《조선왕조실록》

이게 그 유명한 《조선왕조실록》이군요. 정말 한국인들은 기록 문화에 있어 세계 최고예요!

1391년
과전법이 실시되다

1392년
조선이 건국되다

1429년
《농사직설》을 펴내다

1443년
훈민정음이 창제되다

1434년
《삼강행실도》가 편찬되다

1498년
무오사화가 일어나다

1592년
임진왜란이 일어나다

# 온 힘을 다해 일본의 침략을 물리치다

6

1592년 일본이 임진왜란을 일으켰어. 왜군에 의해 한양이 함락되자, 선조는 한양을 버리고 의주까지 피란을 떠났지. 하지만 우리에게는 거북선으로 왜군을 물리친 이순신 장군이 있었어. 육지에서도 의병들이 눈부신 활약을 했지. 일본은 휴전 협정을 하는 척하다가 정유재란을 일으켜 또다시 쳐들어왔어. 마침내 이순신 장군의 활약으로 왜군이 완전히 물러나고 전쟁이 끝났지만, 우리는 큰 피해를 입고 말았단다. 우리 조상들이 임진왜란을 어떻게 이겨 냈는지 알아보자.

1636년
병자호란이 일어나다

1654년
제1차 나선 정벌

### 임진년 조총을 든 왜가 쳐들어오다

"엄청난 왜군이 쳐들어오고 있습니다."

1592년 4월 14일, 부산 앞바다에 끝이 보이지 않는 왜선들이 왜병을 가득 태우고 나타났어.

"명을 치러 갈 테니 조선은 길을 빌려 다오."

이것이 일본이 조선을 침입하면서 내건 구실이야. 이렇게 해서 시작된 전쟁을 임진왜란이라고 해. 임진왜란이 일어나기 수년 전, 율곡 이이 선생이 앞으로 전쟁이 언제 일어날지 모르니 10만 대군을 길러서 대비하자는 '10만 양병설'을 주장한 적이 있어. 하지만 이 주장은 받아들여지지 않았지.

당시 조정은 붕당 정치가 시작되어 국론이 어지러웠고, 군대는 훈련이 부족해 국방력이 약한 상태였어.

반면 일본은 도요토미 히데요시가 오랫동안 분열되어 어지러웠던 일본을 통일한 상태였어. 일본은 포르투갈 상인들로부터 조총을 받아들여 무기 기술이 발달된 상태였고, 무사들의 사기도 높았어. 일본은 전쟁을 일으키기에 여러모로 유리한 상황이었던 거야. 이렇게 임진왜란이 일어나기 전, 조선과 일본의 사정은 극과 극이었어.

 물밀듯이 밀려오는 왜군 앞에 부산 첨사 정발이 맞서 싸우다 목숨을 잃었어. 동래 부사 송상현은 마지막까지 싸우다가 도저히 왜병을 막아 낼 수 없자, 임금을 뵐 때 입는 관복으로 갈아입고 선조가 계시는 한양을 향해 큰절을 올린 뒤 성문 위에 앉아 왜군의 손에 장렬한 죽음을 맞이했지. 일본군은 이런 송상현의 충성심에 감동하여 적장이지만 성대하게 장례를 치러 주었어. 이후 왜군은 세 방향으로 나누어 한양을 향해 나아갔어.

**부산진 순절도** 이 전투가 임진왜란을 알리는 첫 전투였단다. 조선의 군대는 조총을 쏘는 왜군들에 맞서 끝까지 항전했어.

"신립 장군을 보내라."

조정에서는 여진족을 막아 낸 명장인 신립 장군을 보내어 왜군을 물리치려고 했어. 하지만 제대로 훈련이 되지 않은 관군이 조총을 쏘며 돌격해 오는 왜군을 막기는 어려웠어. 신립 장군은 왜군을 막아 내기 어렵게 되자, 충주 탄금대 절벽에서 강물로 몸을 던져 생을 마쳤어.

선조는 한양이 함락 직전에 놓이자 칠흑 같은 밤 눈물을 머금고 피란길에 올랐어.

"전하, 전하! 우리를 버리고 어디로 가시나이까?"

백성들은 한양을 버리고 떠나는 선조가 너무나 원망스러워 노비 문서가 보관되어 있는 장례원과 형조에 불을 질렀어. 왜군은 한양을 점령하고 북진하기 시작했지. 이 과정에서 조선의 자랑거리인 경복궁과 여러 궁궐이 불타 버렸어. 춘추관에 보관하던 귀한 역사 기록인 《조선왕조실록》도 한 줌의 재로 변하고 말았지. 한편 선조는 평양을 거쳐 의주로 향하는 가운데 대신 이항복의 건의를 받아들여 명나라에 군사를 보내 달라고 요청했단다.

## 바다의 명장 이순신, 거북선으로 왜를 물리치다

"나, 이순신 너희를 용서치 않겠다. 거북선 앞에 너희는 죽음뿐이다!"

관군이 연이어 왜군에 지는 가운데 바다에서는 거북선을 앞세워 왜군을 막아 내는 명장이 있었어. 바로 그 이름도 유명한 이순신 장군이지. 이순신은 임진왜란이 일어나기 전부터 만반의 준비를 다하고 있었어. 조선의 군함인 판옥선을 수리하고, 군사 시설을 점검하며, 쇠못을 꽂고 많은 대포를 장착한 거북선을 만들었지.

## 임진왜란 때 활약한 판옥선과 거북선

배의 상갑판에 판옥이 설치되어 있어.

전통 배의 갑판 위에 상갑판을 추가하여 이층 구조로 이루어져 있어.

판옥선은 배 밑바닥이 평평한 형태야.

**판옥선의 구조**

등에는 쇠못을 가지런히 솟게 꽂았지.

꼬리 부분에도 대포가 숨겨져 있어.

전후좌우로 포를 쏠 수 있어.

군사들은 아래 숨어 있어.

용머리에서 유황을 태워 연기를 뿜어냈어.

**거북선의 구조**

왜군이 쳐들어오자 이순신 장군은 옥포에서 첫 승리를 거둔 뒤 사천포에서 거북선을 이용해 승리를 거두었어. 이어서 당포, 당항포, 한산도, 부산포에서 연달아 큰 승리를 거두었지. 특히 한산도 대첩은 임진왜란의 3대첩 가운데 하나로 꼽힌단다.

이순신 장군은 한산도 대첩 때 이런 명령을 내리기도 했어.

"학익진을 펼쳐라!"

학익진이란 학이 날개를 펼친 모양으로 군함을 늘어서게 해 적군을 둘러싼 뒤 무찌르는 전술이야. 이순신의 맹활약 덕분에 조선 수군이 바다를 마음껏 휘두를 수 있었고, 호남의 곡창 지대도 지킬 수 있었어. 이순신은 그 공으로 삼도 수군통제사에 임명되었어.

한편 육지에서도 나라의 부름을 받지 않고서도 의롭게 일어나 왜군을 무찌르는 부대들이 나타났어. 이렇게 전문 훈련도 받지 않고 나라를 지키기 위해 백성들이 일으킨 군대를 '의병'이라고 해. 가장 먼저 의병을 일으킨 사람은 경상도 의령의 곽재우였어. 곽재우는 붉은 옷을 입고 다녀서 별명이 홍의 장군이었어. 왜군은 홍의 장군만 나타났다 하면 무서워서 기를 펴지 못했지. 홍의 장군은 지략과 슬기가 매우 뛰어난 데다 경상도의 지리를 훤히 알고 있었기 때문에 가는 곳마다 승전했어.

의병들은 그 지역의 지리를 완전히 꿰뚫고 있어서 적재적소에 숨어 있다가 왜병을 무너뜨렸어. 곽재우 외에도 금산의 조헌, 담양의 고경명, 나주의 김천일, 함경도 길주의 정문부 등 전국 곳곳의 의병들이 놀라운 활약을 펼쳤지.

또한 스님들의 활약도 눈부셨어. 묘향산에서 서산 대사가 의병을 일으키면서 무예가 뛰어나기로 이름난 제자 사명 대사까지 합류해 큰 활약을 펼쳤어.

영규 대사는 조헌과 함께 금산에서 왜군을 공격하다가 700명의 의병과 함께 장렬히 순국했어. 그 후 금산에는 이들을 기리는 무덤인 칠백의총이 세워졌단다.

의병의 활약에 힘입어 관군도 이곳저곳에서 승리를 거두었어. 권율 장군은 부녀자까지 총동원해 치른 행주 대첩에서 큰 승리를 거두었는데, 이 전투는 임진왜란 3대첩 가운데 하나로 꼽혀. 3대첩 가운데 남은 하나는 진주 대첩이야. 진주 대첩에서 김시민은 곽재우의 도움을 받아 대승을 거두었어. 하지만 안타깝게도 전투가 끝나기 직전에 장렬히 순국했단다.

"명나라가 5만의 군대를 보내오기로 했습니다."

명을 치겠다는 구실로 전쟁을 일으킨 일본을 괘씸히 여긴 명나라는 드디어

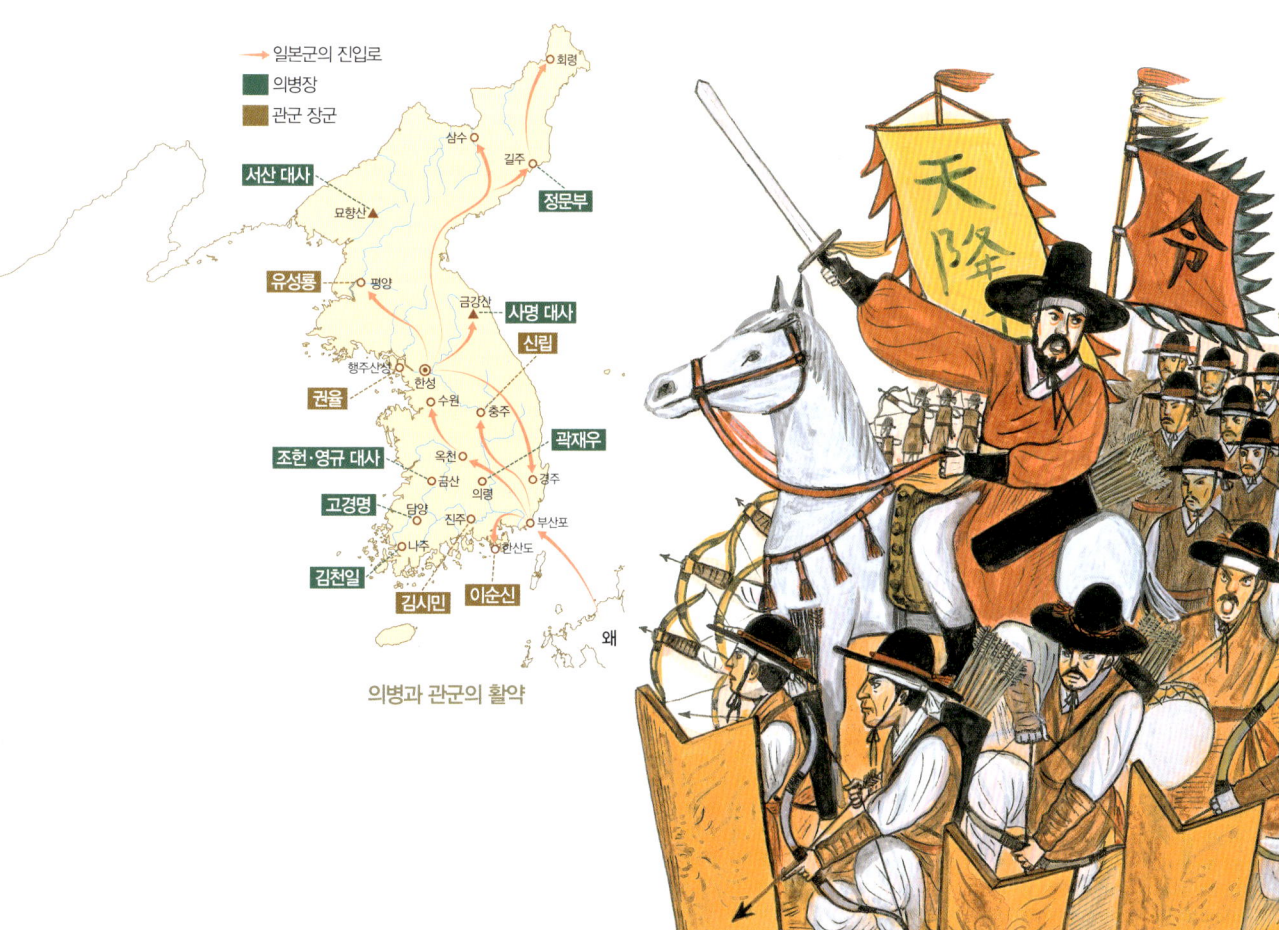

의병과 관군의 활약

〈평양성 탈환도〉 조선은 평양성 탈환을 계기로 후퇴만 계속하던 전세를 역전시킬 수 있었어.

이여송 장군과 함께 5만의 구원병을 보내왔어. 평양에서는 평안도 도체찰사를 맡고 있던 유성룡이 명나라 군대와 함께 전투에 나서 평양성을 탈환했지. 왜군은 후퇴를 거듭했고, 전세가 불리해지자 휴전을 제의했단다. 이때도 이순신은 바다에서 연전연승의 전설 같은 승리를 거두었어.

## 약속을 어기고 다시 쳐들어온 일본

일본은 조선을 제외시킨 채 명나라와 휴전 협정을 맺는 척했어. 휴전이란 싸우던 나라끼리 합의하여 전쟁을 얼마 동안 멈추는 일을 말해.

그런데 일본이 내건 조건들은 도저히 받아들일 수 없는 것들이었어. 그중에는 명나라 공주를 일본에 후궁으로 보내라거나 조선 8도 중에서 무려 4도를 일본에 떼어 달라는 말도 안 되는 조항이 있었어. 사실 일본은 협상을 하

는 척했지만 또다시 전쟁을 일으킬 준비를 하고 있었던 거야.

마침내 준비가 끝나자 일본은 1597년 다시 정유재란을 일으켰어. 정유재란이 일어난 후 조정은 일본이 흘린 거짓 정보를 믿고 이순신에게 출정을 명령했지. 상황 판단이 빠른 이순신은 그것이 일본의 계략임을 알았기 때문에 명령에 따르지 않았어. 이에 나라에서는 이순신에게 벌을 내렸어.

"이순신을 잡아들여 고문하여 혼내 주고 백의종군 시켜라."

하루아침에 이순신은 삼도 수군통제사에서 말단 군인으로 강등되어 전쟁터에 끌려 나가는 신세가 되었지. 이렇게 벼슬 없이 전쟁터에 나가는 것을 '백의종군'이라고 해. 이순신 장군이 벌을 받는 동안 삼도 수군통제사 자리에 원균이 임명됐어. 원균은 나라의 명령에 따라 무리하게 왜군과 싸우다가 거의 전멸을 당하고 순국했지.

나라에서는 할 수 없이 다시 이순신 장군을 삼도 수군통제사에 임명했어. 그런데 장군이 돌아와 보니 남아 있는 군함이 고작 열두 척뿐인 거야. 그런 처참한 상황 속에서도 이순신 장군은 꿋꿋하게 포기하지 않았단다.

"저에게는 아직 열두 척의 배가 있사옵니다."

이는 이순신 장군이 걱정하는 선조를 위로하며 올린 보고서의 한 대목이야. 이순신은 다른 곳에서 배 한 척을 더 구해 단 열세 척의 배로 130여 척의 왜선을 물리쳤어. 이 전투가 바로 정유재란을 승리로 이끈 명량 대첩이란다. 울돌목의 빠른 물살을 이용해 거둔 대승리였지.

정유재란 막바지에 이순신 장군은 노량 해전에서 그만 적의 유탄을 맞고 숨을 거두었어. 숨을 거두는 순간마저 부하들의 사기가 떨어질 것을 걱정해 자

신의 죽음을 알리지 말라는 유언을 남겼지. 비슷한 시기에 전쟁을 일으켰던 도요토미 히데요시도 전쟁을 끝내라는 유언을 남기며 병으로 죽었단다. 이로써 전쟁은 막을 내렸어. 죽어 가는 순간마저 나라를 생각했던 이순신 장군의 애국심을 우리 모두 본받아 이어 나가자.

## 임진왜란이 끼친 영향

임진왜란은 조선, 일본, 명나라 동북아시아 삼국에 큰 영향을 끼친 국제 전쟁이야. 먼저 조선에 끼친 영향부터 알아볼까?

전쟁이 계속되는 동안 조선에는 피울음 소리가 그치지 않았어. 잔인하게도 왜군은 도요토미 히데요시의 명령으로 조선 사람을 죽인 뒤 코와 귀를 무수하게 베어 갔어. 아직도 일본 교토에는 귀무덤이 남아 있는데 그 크기가 왕릉만큼 크단다.

수많은 조선 사람들이 목숨을 잃었고 포로로 붙잡혀간 사람들은 멀리 동남아시아까지 노예로 팔려 갔어. 국토는 황폐해지고, 토지 대장이 불타서 세금을 거두어도 전쟁 이전의 삼분의 일 수준밖에 걷히지 않았지. 국가 재정이 거덜 났던 거야.

나라 살림이 너무 어려우니까 나라에서는 납속책이라고 해서 곡식을 받고 벼슬을 팔았어. 심지어 관직 임명장에 이름 쓰는 칸만 비워 놓

**귀무덤** 현재도 남아 있는 교토의 귀무덤이야. 이 무덤에는 조선 사람 12만 6천여 명분의 코가 묻혀 있어.

고 파는 '공명첩'이라는 것도 생겨났단다. 이런 것들로 인해 조선의 신분 질서는 엉망진창이 되어 갔어.

임진왜란 동안 우리의 소중한 문화재도 많이 파괴되었어. 경복궁, 창덕궁, 창경궁이 불탔고, 《조선왕조실록》을 보관하는 사고와 경주의 불국사가 불타 버렸으니 말이야.

반면 일본은 전쟁 후에 3대 문화 혁명이 일어났어. 도자기 혁명이 일어나고 성리학이 발달하는가 하면 인쇄술 혁명이 일어났어. 그건 모두 우리의 도자기 기술자, 성리학자, 인쇄 기술자를 납치해 가서 이루어 낸 성과였어.

우리를 도우러 왔던 명나라는 어떻게 되었을까? 나라 사정도 좋지 않은데 군사를 일으켜 우리를 도왔던 명나라는 농민들이 반란을 일으키면서 국력이 더욱 약화되었단다.

### 에도 막부의 성립과 후금의 건국

17세기 초 조선, 일본, 중국 삼국에는 나라마다 큰 변화가 일어났어. 조선은 선조가 눈을 감은 1608년, 아들 광해군이 왕위에 올랐지. 일본에서는 전국 시대를 통일했던 도요토미 히데요시가 병으로 죽고 도쿠가와 이에야스가 새롭게 정권을 잡았어. 1603년 에도에 막부를 열었는데, 이 시대를 '에도 시대'라고 불러. 에도 시대가 되면서 일본은 사신을 세 번이나 보내어 다시 조선과 교류하게 해 달라고 간청해 왔어. 조선은 임진왜란 이후 일본과 교류를 싹 끊었거든.

한편 1616년 중국에서는 누르하치가 여진족을 통합해 후금을 세웠어. 후금은 천하무적의 군대 팔기군으로 명나라를 압박했지. 앞으로 후금은 나라 이름을 청으로 바꾼 다음, 명나라를 멸망시키고 중국 대륙의 새로운 주인공으로 떠오르게 돼.

종군 기자 리포트

# 지혜가 뛰어난 지장, 이순신의 전략

여기는 화염과 화살이 빗발치는 전쟁의 현장, 전라 좌수영입니다.
이순신 장군이 연일 일본의 배를 침몰시키고 승리하고 있는데요.
오늘은 이순신 장군의 신통방통한 전술에 대해 알아보겠습니다.

임진왜란을 승리로 이끈 것은 무엇보다 철갑으로 무장한 거북선의 힘이 컸습니다. 이순신은 거북의 등, 머리, 꼬리 등에 어떤 장치를 할 것인지 면밀히 연구하여 각 부분에 맞는 무기와 수군을 배치했습니다.
또 이순신은 전쟁에서 이기기 위해 다양한 전술을 사용했습니다. 세계 4대 해전 중 하나인 한산도 대첩에서 사용한 전술이 학익진입니다. 학이 날개를 활짝 펼친 것처럼 전함을 배치하여 왜선을 포위해 버리는 전략입니다.
더욱 놀라운 것은 섬과 섬 사이 혹은 섬과 육지 사이를 넘나들며 싸워야 하는 수군의 특성상 서로

〈한산대첩도〉 한산도 앞바다에서 이순신 장군이 왜군과 싸워 대승한 전투를 그린 기록화야.

연락이 어려운데요. 이순신 장군은 80개에 달하는 방패연을 이용해서 치밀하게 작전을 지시했습니다. 색깔과 모양이 다른 연을 이용해 수십 가지 명령을 내렸지요.

명량 대첩 때는 군함이 열두 척밖에 남지 않자 수군이 많은 것처럼 보이기 위해 부녀자들을 불러 모았습니다. 부녀자들에게 수군의 옷을 나누어 주고 마치 군사 훈련을 하는 것처럼 원을 빙빙 돌게 했지요. 이를 왜선에서 바라보면 군인의 수가 엄청나게 많아 보였습니다. 이것이 '강강술래'라는 민속놀이로 오늘날까지 이어진답니다.

이순신 장군의 지략을 배운다면, 어떤 어려움도 슬기롭게 이겨 낼 수 있을 것입니다. 이순신 장군을 닮아 슬기로운 어린이가 되어 봅시다!

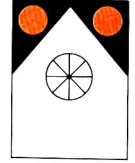
머리눈쟁이연
산의 능선을 공격하라.

수리당가리연
계속 정찰 탐지하라.

삼봉산눈쟁이연
삼봉산 앞바다로 집결하라.

청홍외당가리연
동쪽과 남쪽에서 동시에 공격하라.

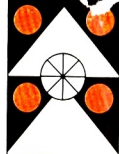
기바리눈쟁이연
맞붙어 싸워라.

치마고리연
배를 남쪽으로 짧게 묶어라.

방패연의 모양과 연락 부호

1391년
과전법이 실시되다

1392년
조선이 건국되다

1429년
《농사직설》을 펴내다

1443년
훈민정음이 창제되다

1434년
《삼강행실도》가 편찬되다

1498년
무오사화가 일어나다

1592년
임진왜란이 일어나다

# 청의 침략에 맞서 싸우다

7

임진왜란이 끝난 뒤 북쪽에서는 후금이 힘을 키워 조선을 압박했어. 광해군은 후금과 명나라 사이에서 중심을 잘 잡아 전쟁을 피해 갔어. 하지만 인조반정으로 명나라를 지지하는 세력이 정권을 잡게 되면서 청나라로부터 큰 침입을 두 차례나 받게 되지. 정묘호란에 이어 병자호란까지 패배한 조선은 소현 세자를 비롯해 수십만 명의 인질을 청나라에 보내는 굴욕을 겪었어. 가슴 아픈 민족사, 위기에 빠진 조선을 구할 방법은 없었는지 공부해 볼까?

**1636년
병자호란이 일어나다**

1654년
제1차 나선 정벌

## 다시 열린 국교를 상징하는 조선 통신사

　일본은 전쟁 후에 도쿠가와 이에야스가 정권을 잡으면서 에도에 막부를 세웠어. 막부는 천황이 나라의 의례만 담당하고 쇼군이 실제 나랏일을 보는 무사 정권을 가리키는 거야. 이 시대를 '에도 시대'라고 하지.

　조선은 임진왜란 이후에 일본과 국교를 완전히 끊었어. 하지만 일본은 잡아간 포로를 스스로 돌려주며 교류를 재개시켜 달라고 간청해 왔지. 이에 선조는 사명 대사에게 도쿠가와 이에야스가 어떤 인물인지 살피고 포로도 데려오라는 막중한 임무를 맡겼어. 사명 대사가 방문한 뒤 조선은 광해군 1년인 1609년에 다시 일본과 국교를 시작했어.

　교류의 물꼬가 다시 트이면서 조선에서 대규모 사절단이 통신사라는 이름으로 일본에 건너갔지. 통신사는 '신의로 통하는 사절단'이라는 뜻이야. 한 번 통신사가 갈 때마다 수백 명이 파견됐고, 일본은 통신사 일행을 성대하고 극진하게 맞이했어.

　통신사들이 일본에 다녀오면서 새로운 문물을 들여오기도 했어. 담배, 고추, 호박, 오이가 들어왔고, 영조 때 통신사 조엄이 쓰시마에서 고구마를 들여와 가뭄을 극복하는 데 큰 도움이 되기도 했지.

### 나라의 실리를 추구한 광해군의 중립 외교

"내일이면 한양을 떠나 과인에게 어떤 운명이 닥쳐올지 모르니 세자를 빨리 정해야겠소. 세자로 광해군이 어떻겠소?"

"성은이 망극하나이다."

광해군은 임진왜란 중에 급히 세자로 책봉된 선조의 아들이야. 후궁의 몸에서 태어난 서자였기에 세자가 되었으면서도 항상 마음이 불안했지. 아니나 다를까? 선조와 새롭게 결혼한 인목 왕후에게서 영창 대군이라는 배다른 동생이 태어났어.

광해군은 임진왜란 당시 관군과 의병을 지원하여 백성들의 믿음을 얻었어.

하지만 영창 대군이 아직 어렸기 때문에 선조의 유언에 따라 광해군이 무사히 왕위에 올랐어. 왕이 된 후, 광해군은 가장 먼저 전쟁을 뒷수습하는 데 힘썼어. 토지 대장과 호적을 새로 작성하여 국가의 수입을 늘리고 성곽과 무기를 수리하는가 하면, 군사 훈련을 실시하여 국방을 강화했지. 또 선조의 명으로 허준이 쓰고 있던 《동의보감》을 완성시켜 펴냄으로써 임진왜란을 겪으며 부상당한 사람들에게 큰 도움을 주었지.

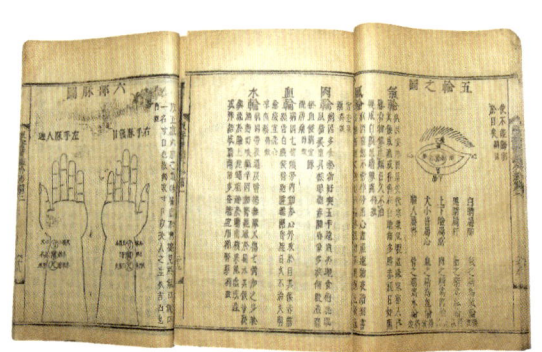

허준이 지은 《동의보감》은 유네스코가 지정한 세계 기록 문화유산이야.

그러던 와중에 명나라가 덜컥 후금과 맞설 군대를 지원해 달라고 요청해 왔어. 후금은 1616년 누르하치가 만주에서 여진족들을 통합해 세운 나라야. 날이 갈수록 세력이 강해져서 이제는 명나라를 위협하기에 이른 것이지. 대신들은 임진왜란 때 우리를 도운 의리를 따져 무조건 명나라에 군사를 보내야 한다고 주장했어.

그러나 광해군의 생각은 달랐어. 무조건 명나라만 지지하다가는 후금에게 공격을 당할 수도 있다고 생각했지. 임진왜란이 끝난 지도 얼마 안 됐는데, 또다시 전쟁에 휩쓸린다면 백성들은 정말 살 길이 막막해졌겠지.

이런 점을 너무 잘 안 광해군은 대신들에게 말했어.

"경들은 이 오랑캐(후금)를 어찌할 생각이오? 우리나라의 병력으로 그들을 일 초라도 막아 낼 수 있다고 생각하오? 지금 우리가 해야 할 일은 모두 힘써 군사를 훈련시키고 무기를 수리하고 성을 튼튼히 하여 혹시라도 일어날 전쟁에 대비하는 것이오."

그래도 대신들은 생각을 굽히지 않았어. 광해군은 할 수 없이 강홍립 장군으로 하여금 지원병 만여 명을 이끌고 떠나게 하면서 밤에 은밀히 장군을 불러 비밀 명령을 내렸단다.

"이 얘기는 경과 나만 아는 비밀이오. 싸우는 척하면서 형세를 잘 살펴보시오. 만약 명나라가 지는 것 같으면 선택을 잘 하도록 하시오."

이 말은 명나라를 위해 죽자 사자 싸우지 말고 눈치를 보다가 만약 후금이 이기는 것 같으면, 후금의 노여

청나라의 시조 누르하치

움을 사지 않게 항복하라는 뜻이었어. 강홍립 장군이 명나라를 돕는 척하면서 상황을 살펴보니 명나라가 패배를 거듭하여 9천여 명의 병사가 죽임을 당하고 있었어. 강홍립 장군은 광해군의 지시대로 후금에 항복했지.

명나라는 조선이 도와주긴 했으니까 할 말이 없었고, 후금은 조선이 항복했으니 조선에 쳐들어올 이유가 없었지. 이렇게 광해군 때는 실리적이고 현명한 중립 외교로 국가의 커다란 위기를 잘 넘겨 냈단다.

## 인조반정이 정묘호란의 불씨가 되다

광해군은 중립 외교를 통해 다시금 조선 땅이 전쟁터가 되는 것을 막았지만 이를 보는 시선이 마냥 곱지만은 않았어. 명을 떠받드는 세력들이 광해군을

트집 잡게 된 거지. 또한 광해군은 서자 출신인 데다 적자인 배다른 동생이 있어 왕권을 위협받았지. 광해군은 영창 대군을 견제하면서 많은 사람들을 죽음으로 몰았어. 인목 대비의 아버지를 죽이고, 어린 영창 대군도 죽였지. 게다가 광해군은 새어머니인 인목 대비를 서궁에 가두기까지 했어. 서인들은 광해군이 인륜을 저버렸다며 거세게 비난했어.

1623년 서인들은 광해군을 내쫓아 유배 보내고 인조를 왕위에 앉혔어. 그리고 정권을 잡았던 북인을 완전히 내몰았지. 이 일을 가리켜 인조반정이라고 해. 의리를 중시한 서인 정권은 실리를 찾지 않고 후금을 멀리하는 한편 망해 가는 명을 받들었어.

이러한 가운데 인조반정에 참여했던 이괄이 2등 공신으로 책정된 데다 아들과 함께 반역죄로 조사받게 되어 곤궁한 상황에 몰렸어. 이괄은 반란을 일으켰지만 곧 진압되었지.

하지만 일부 남은 세력이 후금에 들어가 광해군이 부당하게 폐위된 사실을 알리며 명을 떠받드는 세력이 득세한다고 후금을 자극했어.

그 무렵 명나라 모문룡 장군은 평안도 철산 앞바다에 있는 가도에서 후금에게 빼앗긴 요동 땅을 되찾겠다며 진을 치고 있었어. 후금은 이 일을 구실 삼아 자기네 나라와 형제의 관계를 맺자며 3만의 군사를 일

12살에 불에 타 죽은 영창 대군의 묘

으켜 쳐들어왔어. 1627년 후금이 일으킨 이 전쟁을 정묘호란이라고 해. 후금이 압록강을 건너 황해도까지 침입하자, 인조는 강화도로 피난을 떠났어.

또다시 의병들이 임진왜란의 의병 정신을 이어받아 불붙듯 일어났지. 이때 정봉수와 이립이 크게 활약했어. 하지만 후금의 군대가 워낙 강해서 큰 성과를 거두지는 못했어. 결국 조선은 하는 수 없이 후금이 요구하는 대로 형제의 관계를 맺을 수밖에 없었지.

## 병자호란과 삼전도에서 당한 굴욕

1636년 누르하치의 아들 태종은 나라의 이름을 청으로 고친 후, 조선에 조공을 바치고 군신의 관계를 맺으라며 다시 쳐들어왔어. 이 전쟁을 병자호란이라고 하지. 청나라는 12만 대군을 이끌고 무서운 기세로 공격해 왔어. 이때 의주에서는 용감하기로 이름난 임경업 장군이 백마산성을 튼튼히 수리한 채 청나라 군대에 맞설 만반의 준비를 하고 있었어. 그런데 어쩜 좋지? 청나라는 임경업의 군대가 강한 것을 알고 의주를 피해 한양으로 공격해 나간 거야.

"전하, 저들은 문화도 모르는 야만적인 오랑캐들입니다. 청나라와 끝까지 싸워서 물리쳐야 하옵니다."

"전하, 청나라의 군대가 너무 강한 데다 백성들은 전쟁에 몹시 지쳐 있습니다. 우선 저들의 요구를 들어주시고 훗날을 기약하소서."

이때 우리 조정은 청나라에 대한 입장이 팽팽하게 엇갈리고 있었어. 인조는 먼저 왕비와 왕자 등 왕실 가족을 강화도로 피신시켰지. 뒤따라 인조도 강화도로 가려고 했는데, 그만 청나라 군대에 길이 막혀 할 수 없이 남한산성으로 피신하게 되었어. 당시 남한산성에는 50일 동안 버틸 수 있는 식량밖에 없었어. 남한산성에서 인조는 막다른 길목에 부딪쳤어. 군량미는 떨어져 가는데, 강화도가 함락되어 왕실 가족이 모두 인질로 잡혔다는 소식이 들린 거야. 항전하던 인조는 할 수 없이 남한산성을 나와 굴욕적인 항복을 하게 되었

어. 추운 한겨울에 말을 타고 얼어붙은 눈길을 헤쳐서 삼전도(지금의 서울 송파)의 청 태종 진영에 도착했지. 인조는 청나라 방식대로 치욕스러운 항복의 절을 했어. 절을 세 번 해야 했는데, 한 번 절을 할 때마다 청 태종의 귀에 들리도록 바닥에 세 번씩 머리를 부딪쳐야 했어. 소리가 잘 들리지 않는다고 하여 다시 하기를 거듭하다 보니 인조의 이마는 피투성이가 되었지.

청나라는 소현 세자와 봉림 대군을 비롯해 수많은 신하와 수십만 명의 인질을 붙잡아 갔어. 청나라에 끌려간 여러 대신들은 처형을 당하거나 감옥에 갇혔지. 소현 세자와 봉림 대군 등도 팔 년 이상을 고국으로 돌아오지 못한 채 말로 표현하기 어려운 힘든 세월을 보내야 했단다.

### 30년 전쟁과 병자호란

30년 전쟁(1618~1648)은 가톨릭교를 믿는 국가들(에스파냐, 신성 로마 제국)과 개신교를 믿는 국가들(영국, 네덜란드, 스웨덴, 덴마크) 사이에서 일어난 전쟁이야. 세계 역사상 최초의 국제 전쟁이자, 최후의 종교 전쟁으로 불리지. 참혹한 전쟁이 30년 동안 계속되다 보니 독일은 국토가 전쟁터로 변했어. 인구가 크게 줄고 길거리는 고아와 굶어 죽어 가는 사람들로 넘쳐났지. 30년 전쟁 이후로 그동안 종교의 자유를 인정받지 못했던 신교도들이 자유롭게 종교 활동을 하게 되었어.

전쟁은 어느 시대 어느 곳에서나 참혹한 결과를 낳지. 병자호란으로 조선 사람들이 수십만 명 이상 청나라에 끌려가 모진 고통과 수모를 겪고 있을 때, 지구 반대편 서양에서도 그에 못지않은 끔찍하고 고통스러운 전쟁이 계속되고 있었단다.

조선 통신사 여행기

# 일본의 큰 환영을 받은 통신사

나는 이번 통신 행렬의 총책임을 맡은 나책임이야. 벼슬 이름은 정사란다.
난 임금이 내린 외교 문서인 국서를 받들고 가는 아주 중요한 임무를 맡았어.
드디어 험한 육로와 거센 바닷길을 무사히 지나 일본에 도착했어. 한양을 떠나
부산에 도착한 뒤 우린 여섯 척의 배에 나눠 올라 쓰시마를 거쳐 쇼군이 머무르고
있는 에도(도쿄)까지 들어갔지.
배에서 내리니 우리를 맞이하러 항구에 몰려나온 일본 사람들이 환호성을 올렸어.
통신사 행렬이 이모저모 볼거리가 많아서 일본 사람들이 많이 온 것 같아.
일본 전체가 잔치 분위기에 빠져들었지.

우리 통신사를 위해 일본이 준비한 말만 1천여 필이고, 우리를 따라다니며 시중을 드는 사람들이 2천여 명이나 돼. 조선 통신사가 얼마나 극진한 대접을 받았는지 짐작할 수 있겠지?
통신사를 따라간 악공들이 악기를 연주하고, 어린아이들이 재주를 넘거나 춤을 추며 흥을 돋우면 화원들은 신나게 그 모습을 그렸단다. 특히 말 위에서 재주를 부리는 마상재가 큰 인기였지.
지금도 일본에는 통신사의 소동들이 추던 춤을 본뜬 '당인 춤'이라는 춤이 전해지고 있어.

조선 통신사 선단이 일본에 입항하는 모습이야.

작은 배로 갈아타고 뭍으로 향하는 통신사 관리들이 있어.

어머! 부두에서는 일본 사람들이 조선 통신사를 기다리고 있네요.

1391년
과전법이 실시되다

1392년
조선이 건국되다

1429년
《농사직설》을 펴내다

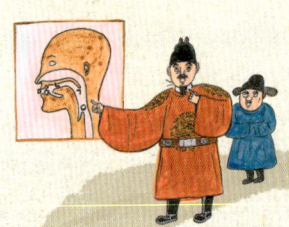
1443년
훈민정음이 창제되다

1434년
《삼강행실도》가 편찬되다

1498년
무오사화가 일어나다

1592년
임진왜란이 일어나다

# ❽ 사무치는 한을 풀고자 북벌을 계획하다

오랫동안 청나라에 인질로 잡혀 있다 돌아온 봉림 대군은 형인 소현 세자가 갑자기 죽자 왕위에 올랐어. 효종은 청나라에 대한 원수를 갚으려고 10년 동안 북벌을 계획했어. 잘 훈련된 조총 부대를 두 번이나 흑룡강 지역에 파견해 러시아 배를 정벌하기도 했지. 청나라와의 교류가 늘어나면서 그들의 실용적인 학문과 문물을 배우자는 사람들도 나타났어. 이제 새로운 변화가 꿈틀대던 역사 속으로 들어가 볼까?

1636년
병자호란이 일어나다

1654년
제1차 나선 정벌

## 효종, 사무치는 한을 풀고자 북벌을 계획하다

 1644년 청나라가 명나라를 멸망시켰어. 드디어 청나라는 소현 세자와 봉림 대군을 조선으로 돌려보냈지. 봉림 대군은 팔 년 동안 인질로 잡혀 있으면서 조선 백성들이 당한 고통을 뼈저리게 보았기에 청나라에 대한 원한이 매우 깊었어.
 원래 인조 다음에 왕이 될 사람은 봉림 대군의 형인 소현 세자였어. 그런데 소현 세자는 귀국한 지 얼마 되지 않아 갑작스럽게 죽었어. 그래서 인조의 둘째 아들인 봉림 대군이 왕위를 잇게 되었지. 효종은 왕위에 오르자마자 사무치는 한을 풀기 위해 북벌 계획에 온 힘을 쏟았어. '북벌'이란 청나라를 정벌하여 문화 수준이 높은 조선이 문화 수준이 낮은 오랑캐에게 당한 수치를 씻고 임진왜란 때 우리를 도운 명나라에 대한 의리를 지키겠다는 거야.
 효종은 군사력을 키우기 위해 이완을 어영대장으로 임명하고 어영청을 강화해 나갔어. 어영청 군대는 북벌 계획이 있기 전에는 7천 명이었는데, 북벌 시기에는 2만 1,000명으로 늘어났지. 항상 천 명의 군대가 한양을 지켰고, 남한산성에 있는 수어청을 정비하여 한성 외곽을 튼튼히 지켰단다.

임진왜란 때 조총의 위력을 실감한 조선은 그 후 조총 부대를 키웠어. 조총 부대는 나선 정벌 때 그 위력을 증명했단다.

## 나선 정벌에서 맹활약한 조선의 조총 부대

 나선은 '러시아 사람'을 가리키는 말이야. 러시안(Russian)을 한자음으로 옮기면 '나선'이 되지. 러시아는 흑룡강 유역의 풍부한 자원이 탐이 나서 강 하구에 성을 쌓은 다음, 모피 등 여러 물자를 구하러 다녔어.

 그런데 본래 이곳은 청나라 영토였어. 화가 난 청나라는 군대를 보내어 러시아군을 물리치려고 했지. 하지만 구식 무기를 가진 청나라 군대로는 러시아 군대를 막아 낼 수가 없었어. 청나라는 조선의 조총 부대가 대단하다는 소문을 익히 알고 있었기 때문에 사신을 보내 도와 달라고 했지. 효종 때인 1654년의 일이야.

 당시 조선은 북벌을 준비하는 중이어서 조총 부대의 사격 실력이 나는 새도 떨어뜨릴 만큼 뛰어났어. 결국 러시아군은 조선의 조총 부대를 당해 내지 못하고 7일 만에 도망쳐 버렸지.

 사 년 뒤인 1658년, 러시아군이 계속 흑룡강 근처에 나타나자 청나라에서 다시 사신을 보내어 조총 군대를 파견해 달라고 요청했어. 이번에도 조선은 러시아군을 잘 막아 냈지. 러시아군은 커다란 배 십여 척에 군사를 가득 태우고 나타나 조선의 조총 부대와 싸웠지만, 거의 전멸하다시피 패배했어. 반면 조선군은 여덟 명만 전사하는 데 그친 대승리를 거뒀지.

이렇게 나선 정벌은 효종 때 두 차례에 걸쳐 시행되어 조선의 국력을 떨치는 한편, 북벌을 위해 갈고닦은 조총 부대의 위력을 실전에서 확인해 보는 기회가 됐어.

그러나 효종이 왕위에 오른 지 10년 만에 병으로 죽는 바람에 북벌 계획은 물거품으로 돌아갔어. 백성들만 전쟁 준비에 동원되어 고생한 셈이었지.

## 청나라에 대해 다시 보게 되다

"자네 청나라에 다녀온 적이 있지? 청나라 문물이 정말 대단하다고 생각하지 않나?"

"자네도 그렇게 생각하고 있었군. 나도 그러하네. 그동안 우리가 청을 오랑캐라고 업신여겼던 것은 잘못된 생각일세."

17세기 이후 청나라에 사신으로 다녀오는 사람들이 늘어나면서 정치와 경제가 발달한 청나라에 대해 다시 생각해야 한다고 말하는 사람들이 나타났어. 조선에서 공부하던 성리학과는 차원이 다른, 현실적이면서도 실용적인 문물이 이들의 마음을 사로잡았던 것이지.

이런 사람들 가운데 박제가라는 사람이 청나라에 다녀왔다가 그 문물에 커다란 충격을 받고 《북학의》라는 책을 지었어. 이렇게 박제가처럼 청나라의 발달된 문물을 연구하자고 주장하는 사람들을 '북학파'라고 하고, 그들의 학문 경향을 '북학론'이라고 불렀지. 자세한 내용은 다음 권에서 실학을 공부하면서 흥미롭게 배워 볼 수 있을 거야. 여기서는 북학 운동이 어떤 것인지만 알아 두도록 하자.

### 청나라에서 들어온 신기한 문물

 병자호란이 끝난 뒤 조선에는 청나라의 요청에 따라 국경 지대에 교역이 허락된 호시장이 열렸어. 호시장이 생기면서 조선의 인삼을 사 가려는 청나라 상인들이 들어왔지. 그들은 식량으로 청나라에서 먹던 감자를 조선에 가져왔어. 감자가 처음으로 우리나라에 들어오게 된 거야.

 소현 세자는 청나라에서 돌아오는 귀국길에 여러 가지 신기한 문물을 들여왔어. 서양 문물에 밝은 사람들을 데려왔을 뿐 아니라 천리경, 천주교 서적, 과학 서적 등 많은 서양 문물을 들여왔지. 소현 세자는 청나라의 문물을 오랑캐의 문화라고 업신여기기만 한 조선의 성리학자들과는 생각이 크게 달랐어.

소현 세자는 인조에게도 청나라 문물의 우수성을 열심히 설명했어. 하지만 오히려 미움만 받았지.

그런데 소현 세자는 귀국한 지 몇 개월도 안 되어 의문스런 죽음을 당했단다. 독살되었다는 이야기까지 돌 정도로 급작스러운 죽음이었어. 지금도 소현 세자의 죽음에 의문을 품고 있는 학자들이 많아. 17세기에 이미 서양 문물에 눈뜰 수 있었던 것을 생각하면 소현 세자의 죽음은 조선 역사에 있어 참으로 안타까운 일이라 할 수 있어.

역사를 돌아보면 그때 그 순간, 잘못한 일들이 눈에 보여. 그렇다면 우리는 같은 실수를 반복하지 않기 위해 더욱 역사를 열심히 공부해서 미래를 내다보는 눈을 길러야겠지?

### 사랑이 만들어 낸 세계의 문화유산, 타지마할

조선이 병자호란에 휩쓸리고 소현 세자가 청나라에 끌려가 팔 년 동안 인질 생활을 하고 있을 무렵, 인도 무굴 제국에서는 타지마할 공사가 한창 벌어지고 있었어.

타지마할은 무굴 제국의 황제였던 샤자한(1592~1666)이 죽은 왕비 아르주망 바누 베굼을 기리며 세운, 세상에서 가장 아름다운 건축물이자 묘란다. 이 거대한 건축물은 22년에 걸쳐 매일 2만여 명이 동원되어 만들어졌어. 오랜 세월 타지마할을 짓느라 나라의 살림이 휘청할 정도로 엄청난 돈이 들어갔지.

바누 베굼은 1612년 샤자한과 결혼하여 '궁전의 꽃'이라는 뜻인 뭄타즈 마할로 불렸어. 타지마할은 '마할의 왕관'이라는 뜻이지. 샤자한은 전쟁터에 나갈 때조차 함께 다닐 정도로 왕비를 몹시 사랑했는데, 안타깝게도 왕비는 16번째 아이를 낳다가 세상을 떠났단다. 말년에 왕자들 사이에 왕위를 두고 전쟁이 일어나 아그라 요새에 감금된 샤자한은 왕비를 그리워하며 매일같이 탑 밖으로 타지마할을 바라보다가 생을 마감했어.

인물 인터뷰

# 조선을 세계에 처음 소개한 네덜란드 사람 하멜

네덜란드 동인도 회사의 선원이었던 하멜은 1653년 일본으로 가던 배가 뜻하지 않게 제주도에 표류하여 조선에 머물게 됩니다. 네덜란드 사람인 하멜은 13년 동안 조선에 살다가 1666년 동료 일곱 명과 함께 탈출하여 마침내 그리운 고향으로 돌아갔습니다. 네덜란드로 돌아간 하멜은 1668년 《하멜 표류기》를 펴냈습니다. 오늘 저는 하멜에 대해 자세히 알아보기 위해 머나먼 네덜란드까지 왔습니다. 자, 이제 하멜을 만나러 가 볼까요?

안녕하세요? 하멜 씨죠? 만나 뵙게 되어 반갑습니다.

 그렇소. 내가 하멜입니다.

 조선에서 13년 동안 사셨다고 하는데, 조선에 갔을 때 혹시 외국인은 없었나요?

 좋은 질문이오. 나랑 같은 네덜란드 사람으로 벨테브레이라는 사람이 있었소. 조선 이름은 박연인데, 우리와 조선 사람 사이에서 말을 통역해 주었소.

 어머나, 신기하네요! 그 사람은 조선에서 무슨 일을 했나요?

박연은 어영청이라는 곳에서 화포 만드는 기술을 조선 사람들에게 가르쳐 주었소. 듣기로는 조선 여자와 결혼하여 아들딸 하나씩을 두었다고 했소. 우리도 어영대장 밑에서 서양의 무기 기술을 알려 주는 일을 했소.

《하멜 표류기》에 실린 그림으로, 하멜 일행이 제주도에 살 때 관청에서 풀을 뜯고 있는 모습이야.

 그렇군요. 조선에 있을 때 어려운 일은 없었나요?

왜 없었겠소! 흉년이 계속되어 먹을 것이 부족해서 구걸도 하고 승려들에게 서양 얘기도 들려주면서 겨우겨우 배를 채워 가며 산 적도 있소. 동료 중에는 탈출하다가 죽은 사람들도 있다오. 그 뒤로 우리는 전라도에 보내져 죽도록 땔감을 베는 등 온갖 막노동을 해야 했다오. 마음씨 좋은 사또가 부임했을 땐 그래도 괜찮았는데, 꼭 놀부 같은 사또가 부임했을 때는 정말 고국에 돌아가고 싶었다오.

 아, 그래서 탈출하게 된 것이군요. 탈출한 뒤 곧바로 네덜란드로 돌아갔나요?

아니요, 우리는 몰래 배를 훔쳐서 일본의 나가사키에 도착했는데, 우리에 대해 조사해 본다고 시간을 끄는 통에 일 년이나 네덜란드로 못 가고 있었다오. 그 후 네덜란드로 돌아와 그동안 기록했던 것을 토대로 《하멜 표류기》를 출간했지요.

재미있는 이야기 고맙습니다. 당신 덕분에 잘 몰랐던 조선의 17세기 역사를 서양인의 눈으로 알게 되었어요. 항상 건강하시기 바랍니다.

1391년
과전법이 실시되다

1392년
조선이 건국되다

**1429년**
**《농사직설》을 펴내다**

1443년
훈민정음이 창제되다

1434년
《삼강행실도》가 편찬되다

1498년
무오사화가 일어나다

1592년
임진왜란이 일어나다

# ⑨ 자연과 어울려 일하고 먹고 즐기는 삶

조선 시대 사람들은 일 년을 24절기로 나누어 때에 맞추어 농사를 짓고 계절에 맞는 여러 세시 풍속을 즐겼어. 설날과 추석 같은 명절에는 떡국을 끓이고 송편을 빚으며 조상들에 대해 감사하는 마음을 가졌지. 또 마을마다 수호신에게 제사를 지내며 마을의 발전과 평안을 빌었단다.

1636년
병자호란이 일어나다

1654년
제1차 나선 정벌

## 봄에는 씨 뿌리고 가을에는 거두고

조선에서 가장 중요하게 생각한 산업은 농업이었어. 측우기 같은 과학 기구를 만든 것도 농사에 도움이 되기 위해서였지. 조선 시대에 사용한 달력은 양력이 아니라, 달의 움직임을 기준으로 하는 음력이었어.

그런데 음력은 농사를 짓는 데 별 도움이 되지 못해서 예로부터 일 년을 해의 움직임에 따라 스물넷으로 나눈 절기를 만들어 사용했지. 조상들은 각 절기마다 모내기를 하고 보리를 베는 등 때에 알맞게 농사를 지어 나갔단다.

"봄이 오는군. 입춘대길을 대문에 크게 써 붙이세."

봄에 해당하는 절기에는 봄의 시작을 알리는 입춘, 봄바람이 불고 새싹이 난다는 우수, 겨울잠을 자던 개구리가 날이 따뜻하여 튀어나온다는 경칩, 밤과 낮의 길이가 같아지는 춘분, 춘분과 곡우 사이에 봄빛의 기운이 따뜻하다는 청명, 봄비가 내려 곡식이 윤택해진다는 곡우가 있어.

**입춘대길(立春大吉)**
봄이 올 때 크게 좋은 일이 있으라고 기원하는 글이야. 예부터 입춘이 되면 농가에서는 농사 준비를 했어. 아낙네들은 집 안 곳곳에 쌓인 먼지를 털어 내고, 남정네들은 겨우내 넣어 둔 농기구를 꺼내 손질했지.

# 우리나라의 24절기

여름에 속한 절기에는 여름의 시작을 알리는 입하가 있고, 일 년 중 낮의 길이가 가장 길다는 하지가 있지. 입하와 하지 사이에는 소만과 망종이 있는데, 소만이 되면 햇볕이 풍부해져서 밀과 보리에 이삭이 올라와. "보리는 망종 전에 베라."는 속담이 있지. 망종까지 보리를 베어 놓아야 모심기에 차질이 생기지 않기 때문이란다.

"벌써 입추네. 가을 바람이 솔솔 부는걸."

가을이 왔음을 알리는 절기가 바로 입추야. 입추 무렵에는 김장용 배추나 무를 심기 시작해서 서리가 내리기 전에 거두지. 입추가 지나면 처서와 백로가 기다리고 있어. 처서는 더위가 가시고 선선한 가을이 오기 시작한다는 뜻이야. 백로는 '흰 이슬'이라는 뜻인데, 이때부터 밤에 날씨가 추워져서 이슬이 맺히기 시작하지. 백로를 지나 낮과 밤의 길이가 같아지는 추분이 되면 밤이 조금씩 길어진단다.

겨울에 들어서는 것을 입동이라고 해. 겨울이 되면 눈이 조금씩 내리기 시작하겠지? 동지는 일 년 가운데 밤의 길이가 가장 긴 날이야. 본격적인 겨울에 접어들었음을 알 수 있지. 소설은 첫눈이 오는 날을 뜻하고, 대설은 큰 눈이 오는 날이지. 작은 추위가 온다는 소한이 지나고, 가장 춥다는 대한이 지나면 다시 봄을 기다리게 되겠지? 24절기에는 계절을 건강하게 나려는 조상들의 슬기와 농사의 때를 놓치지 않으려는 지혜가 담겨 있단다.

## 오늘날까지 이어지는 전통 음식

예로부터 우리나라 전통 음식인 한식은 맛도 좋고, 모양도 곱고, 아름다운 것으로 이름이 났단다. 명절이나 계절에 따라 만들어 먹는 음식이 각각 달랐지. 이렇게 때에 알맞게 먹는 음식을 세시 음식이라고 해. 세시 음식은 지방마다 조금씩 차이가 있었지만, 함께 정을 나누려는 마음만은 모두 한결같았어.

먼저 명절에 먹는 음식을 알아볼까? 설날이면 떡국을 끓여 먹었어. 떡국을 먹지 않으면, 나이를 먹을 수 없다는 말이 있었을 정도야. 정월 대보름에는 호두, 땅콩, 잣 같은 부럼을 깨물어 먹고, 오곡밥과 나물을 먹었어. 둥근 보름달이 뜬 한가위에는 달을 보며 소원을 빌고 가족끼리 오순도순 둘러앉아 송편을 빚었지.

동짓날이니 팥죽을 먹어야 한다는 얘기도 한번쯤은 들어 봤을 거야. 동지는 밤의 길이가 일 년 중 가장 긴 날이니만큼 한밤중 내내 귀신들이 판을 치겠지? 우리 조상들은 귀신이 팥 색깔을 무서워한다고 생각해서 동짓날이면 귀신을 쫓느라 팥죽을 끓여 먹었어.

이렇게 조상들은 명절 음식을 해 먹는 한편 계절에 맞추어 몸에 좋은 음식도 해 먹었단다. 봄이면 진달래꽃을 따서 진달래꽃전을 해 먹었고, 여름이면 삼복더위에 힘내라고 삼계탕을 끓여 먹었어. 삼계탕은 닭에 찹쌀과 인삼, 대추 등을 함께 넣어 푹 끓여 먹는 음식이야.

　전통 음식에서 빼놓을 수 없는 것이 된장, 고추장, 청국장, 간장 등의 장류이지. 장맛이 좋아야 음식이 맛있단다. 장을 만들려면 먼저 콩으로 만든 메주를 띄워 놓아야 해. 메주는 보통 가을 들어 음력 10~11월에 만들었어.

　조선 시대에는 냉장고가 없었기 때문에 음식을 오래 두고 먹을 수 있게 만

곶감

된장

냉장고가 없던 시대라 음식을 발효시키거나 말려서 먹었어.

잘 말랐네!

북어

장아찌

들어야 했어. 그래서 소금이나 간장에 절이거나 발효시키기도 하고 말려서 두고두고 먹었지. 장아찌나 젓갈, 동태를 말린 북어나 조기 등이 대표적인 음식이었어. 밑반찬으로는 다시마, 김, 깻잎 등을 튀겨 부각으로 만들어 먹기도 하고, 북어포나 육포를 만들어 먹었지. 자반이라고 해서 생선을 소금에 절이거나 콩을 간장에 조려 두고두고 먹기도 했어.

요즘처럼 과자가 없었기 때문에 겨우내 단것을 먹기 위해 곶감 같은 간식도 준비했어. 집집마다 감을 깎아서 줄에 꿰어 말려 놓은 모습이 꽤 정겨웠지.

전통 음식 중 매끼마다 상에 올라가는 것이 김치야. 고추가 임진왜란 이후에 들어왔기 때문에 조선 초만 해도 동치미 같은 백김치를 먹었어. 김치는 배추를 소금에 절이고 젓갈을 양념으로 넣어 발효시키는데, 세계에 자랑할 만한 전통 음식이란다. 김치는 부녀자들이 둘러앉아 절인 채소에 양념을 버무려 손맛으로 담갔어. 지방마다 사용하는 젓갈이 다르지만, 그 빛깔과 정성, 맛만은 저마다 정말 최고이지. 김치 생각을 하니, 벌써 군침이 도는걸.

## 마을 사람끼리 똘똘 뭉쳐 신나게 즐겁게

조선 시대에는 마을마다 마을의 수호신에게 제사를 지냈어. 이 풍속은 멀리 선사 시대부터 이어져 내려온 거야. 마을 제사는 정월 초하루에서 정월 대보름 사이에 주로 지냈어. 마을 사람들은 한 해 동안 풍년이 들고, 마을이 평안하며, 집집마다 건강하고 행복하게 해 달라고 마을신께 빌었어.

"자, 제사가 끝났으니 다 같이 음식을 먹으며 마을 일을 의논해 봅시다."

경건한 마음으로 제사를 지내고 나면, 마을 사람들 모두가 둘러앉아 제사 음식을 나누어 먹으며 마을의 이런저런 일들을 의논했어.

마을 제사 가운데 대표적인 것이 산신제와 풍어제, 별신제야. 산신제는 산신에게 마을의 안녕과 마을 사람들의 건강을 비는 제사이고, 풍어제는 물고기를 많이 잡고 마을이 평안하기를 비는 제사이지. 또 별신제는 무당이 중심이 되어 마을의 수호신에게 지내는 제사야. 충청남도 부여군 은산에서는 전쟁 때 한스럽게 죽은 백제 군사들의 영혼을 위로하면서 마을의 평화도 함께 비는 별신제를 지냈어.

마을 어귀에는 아낙네들이 손이 발이 되도록 빌며 소원을 기원하는 나무와 장승, 솟대, 서낭당 같은 것들이 있었어. 그중 나무를 당산나무라고 하는데 얼기설기 알록달록한 색줄이 걸려 있기도 했지. 마을을 찾는 표식이 되는 장승은 꼭 전봇대처럼 생겼는데, 전염병이나 귀신을 쫓기 위해 마을 입구에 세워 놓았어. 솟대 위에는 인간과 하늘을 연결해 주는 새들을 조각해 놓았는데, 삼한 지역이던 남부 지방에서 풍요로운 수확을 비는 뜻으로 세웠던 거야. 또 서낭당이라고 해서 수없이 돌을 쌓아 복을 빌기도 했어. 그럼 이제 마을마다 열렸던 신나는 민속놀이를 알아볼까?

마을이 잘 돌아가려면 마을 사람들끼리 똘똘 뭉쳐야 해. 마을 사람들을 한마음 한뜻으로 결속시키는 데는 민속놀이가 그만이었지. 대표적인 민속놀이로는 요즘도 학교 운동회 때마다 빠뜨리지 않고 하는 줄다리기와 삼국 시대부터 이어져 내려온 씨름이 있어.

"이겼네, 이겼네! 우리 동부가 이겼네!"

이것은 전라도 광주 지방에서 고싸움놀이를 시작할 때 싸움을 걸기 위해 부르는 노래야. 고싸움놀이는 볏짚을 튼튼하게 엮어서 그 마을의 가장 씩씩하고 용감한 사람을 줄패장으로 고에 높이 올린 다음, 상대방의 고를 땅에 닿게 하는 놀이야. 이 놀이를 한번 하고 나면, 마을 사람들이 똘똘 뭉치게 되었단다.

 방패연을 날려 본 적이 있니? 조선 시대 사람들은 겨울철 들판을 달리며 긴 연줄을 당기면서 가족들끼리 신나게 연날리기를 즐기기도 했어. 또 명절이면 윷판에 윷을 던지며 윷놀이도 했지. 놀라지 마. 윷놀이는 부여 시대부터 시작된 아주 오래된 전통 놀이란다.

 그런가 하면 농사일이 너무 힘들다 보니까 모내기나 김매기 등을 할 때 두레와 품앗이를 만들어 서로 도왔지. 두레는 마을 사람들이 두루 참여하여 농사일을 함께하는 것이고, 품앗이는 아무 때나 상관없이 마음 맞는 사람들끼리 서로 일을 도와주는 거란다.

각 마을에서는 고싸움놀이를 지휘할 줄패장을 뽑는데, 신체가 건장하고 의지가 강하며 청년들이 잘 따르는 사람이 뽑혔어.

### 조선 시대 사람들은 쉴 때 뭘 했을까?

조선 시대 사람들은 여가를 어떻게 즐겼을까? 양반 남자라면 글을 잘하니 시를 짓거나 활을 쏘기도 하고 말을 달려 사냥을 즐기기도 했지. 또 장기를 두기도 하고, 바둑을 두며 놀기도 했어.

관리로 나가고 싶은 마음은 굴뚝같은데 과거에 붙기는 하늘에 별 따기라서 놀이로 아쉬움을 달래기도 했어. 바로 승경도놀이라는 건데, 종이에 벼슬의 높고 낮은 품계를 도표로 그려 놓은 다음 승경도 알을 굴려 누가 먼저 영의정이 되는지 보면서 재미있게 웃고 즐겼지. 또 기생들을 배에 태우고 다니며 뱃놀이를 즐기고, 투호를 통 속에 던져 넣는 투호놀이도 했어.

양반 여성들은 한 땀 한 땀 수를 놓거나 책을 읽거나 각시 인형에 옷을 해 입히면서 여가를 보냈어. 사대부집 여성들은 유교의 예법에 따라 바깥출입이

김홍도가 그린 〈고누놀이〉

윤덕희가 그린 〈공기놀이〉

쉽지 않았어. 외출을 하려면 장옷이나 쓰개치마로 얼굴을 가려야 했지. 그래서 단오가 되면 널뛰기도 하고 그네도 타면서 바깥세상을 구경했어.

한편 상민 남자들은 짚으로 여러 가지 물건을 만들며 여가를 보냈고, 여자들은 옷감으로 쓸 베를 짜며 시간을 보냈어. 상민들은 윷놀이, 고누 등 여럿이 함께 모여 즐기는 놀이를 많이 했단다.

어린이들은 고누놀이라고 해서 땅이나 판에 그림을 그려 놓고 말을 옮겨 가며 노는 놀이를 즐겼어. 종류도 다양해서 밭고누, 우물고누, 호박고누, 넉줄고누 등이 있었지. 조그맣고 동그란 돌알을 던지고 잡고 하는 공기놀이도 아이들에게 인기였단다.

### 담배는 조선에 어떻게 들어왔을까?

조선 시대의 풍속화를 보면, 곰방대를 피워 문 할아버지의 모습을 쉽게 볼 수 있어. 담배를 피는 습관은 언제부터 시작된 것일까? 1492년 콜럼버스가 인도인 것으로 착각하고 서인도 제도에 도착했어. 신대륙의 원주민들은 커다란 잎사귀에 무언가를 넣고 말아 불을 붙이더니 신기하게도 입에서 뻐끔뻐끔 연기를 내뿜었어. 궁금해진 콜럼버스가 똑같이 따라 해 봤지. 기분이 무척 좋아진 콜럼버스는 얼른 담배를 유럽에 들여왔어.

우리나라에 담배가 들어온 것은 임진왜란 이후 일본을 통해서야. 광해군 때였는데, 임금님은 담배 연기를 매우 싫어하셨대. 신하들은 임금님 앞에서는 담배를 피우지 않았고, 이것이 어른 앞에서는 담배를 피우지 않는다는 우리 고유의 풍습으로 전해졌단다.

차례 상 차리기

# 정성껏 차려 보는 차례 상

차례란 원래 우리가 마시는 차(茶)를 올리는 예식을 말해.
그러다가 조선 시대에 주자가례에 따라 술을 비롯한 정성스러운
차례 음식을 설과 추석 때 차리게 되었지.

설에 차례를 지낼 때 꼭 올리는 음식이 있어. 바로 떡국이야. 떡국을 올리는
차례라고 해서 떡국차례라고도 부르지. 요즘에야 방앗간에서 가래떡을
뽑지만, 옛날에는 손수 떡메로 떡을 쳐서 가래떡을 만들었어.
떡국 국물을 만드는 재료로는 꿩고기가 으뜸이었어. 고려 후기 원나라에서
전해진 매사냥이 귀족들 사이에서 유행하면서 꿩고기로 떡국을 만들게 된
거야. 꿩을 구하기가 어려웠던 평민들은 닭고기를 썼고 말이야.
하지만 오늘날에는 쇠고기를 주로 쓴단다.
추석 때에는 떡국 대신 햅쌀로 밥을 짓고
술까지 정성스럽게 빚어서 송편과 함께
차려 놓고 가을에 수확한 여러 가지
과일을 올렸지.
제사나 잔치 때 음식을 법식에 따라
차리는 것을 진설이라고 하는데, 보통
다섯 줄로 올렸어. 자, 이제 종갓집에서
수십 년 동안 차례를 지내 온 종부님께
어떻게 차례 상을 차리는지 배워 볼까?

# 찾아보기

## ㄱ
가묘 42
강홍립 101
거북선 84~86, 94
《경국대전》 27, 42, 43, 64, 65
경복궁 21, 35, 84, 93
고누놀이 128, 129
《고려사》 55
고싸움놀이 126, 127
공명첩 93
공민왕 10, 16
공조 26, 27
과전법 16
곽재우 86, 87
관노비 44
관례 41
관혼상제 41
광해군 98~102
《국조오례의》 40
권문세족 10, 15, 16, 20
귀무덤 92
급진 개혁파 15~17
김종직 70, 71
김효원 75

## ㄴ
나선 정벌 112, 113

## ㄷ
남한산성 103, 104
납속책 92
노량 해전 91
《농사직설》 57

단종 68~71
당산나무 126
도요토미 히데요시 82, 92, 93
도자기 혁명 93
《동국통감》 54, 55
《동의보감》 100
동짓날 123
딸깍발이 선비 31
떡국 123, 130

## ㅁ
마을신 125
명나라 10~12, 16, 25, 69, 84, 87, 88, 92, 93, 100~102, 110
모문룡 장군 102
〈몽유도원도〉 62, 63
무오사화 72, 77

## ㅂ
박제가 113
백의종군 89

별신제 126
병자호란 103, 105
병조 26, 27
북벌 계획 110, 113
북학파 113
분재기 45
분청사기 61, 62

ㅅ

사관 78, 79
사노비 44
사대문 21, 31, 32, 35
사림 71~75, 77
4부 학당 29
사소문 30, 31, 35
사액 서원 76
사육신 70
사초 79
사화 72, 73
삼강오륜 38, 39
《삼강행실도》 55, 56
3대첩 86, 87
3사 27, 71, 74
삼전도 105
서얼 45
서원 73, 76, 77
선조 74, 83, 84, 91, 93, 99, 100

선죽교 18, 21
성균관 27, 29
성리학 19, 24~26, 39, 40, 47, 55, 70, 77, 93, 113, 114
세종 대왕 33, 52, 54, 55, 57~59, 61, 63, 68
소과 29
소수 서원 76
소현 세자 105, 110, 114, 115
송상현 83
수령 28, 29, 77
수양 대군 68, 69
승경도놀이 128
시묘살이 42
신립 84
신문고 39
신사임당 46, 47
신진 사대부 15, 16, 20
〈신찬팔도지리지〉 58
심의겸 75

ㅇ

안견 62
앙부일구 59
어사화 30
에도 시대 93, 98
여진족 58, 84, 93, 100

133

연산군 71, 72
영창 대군 99, 100, 102
예조 26, 27
온건 개혁파 15~17
우왕 10, 12~15
위화도 회군 14, 15
유교 25~27, 30, 35, 38, 39, 47, 64, 128
유향소 29
육의전 32, 33
6조 26, 33, 64
의병 86, 87, 103
의정부 26, 27, 64
이두 52, 54
이방원 17, 18, 21
이성계 11~18, 21, 24, 25, 30, 68
이순신 84, 86, 89, 90~92, 94, 95
이조 26, 27
이조 전랑 74, 75
인조 79, 102~105, 110, 115
인조반정 102
임진왜란 79, 82~87, 92~94, 98~100, 103, 110, 125, 129

ㅈ
자격루 59, 60
전통 음식 122, 124, 125
정도전 15~18, 20, 21, 25, 30, 35

정몽주 15~18, 20, 21
정묘호란 103
정발 83
정유재란 89, 91
조광조 72, 73
조민수 12, 14~16
조선 통신사 98, 107
《조선왕조실록》 52, 58, 78, 79, 84, 93
조총 82, 84, 112, 113
종묘 31
주자가례 40, 41, 130
주초위왕 72
중립 외교 101
중종반정 72
진주 대첩 87

ㅊ
철령위 10
최만리 52, 54
최영 10~14
최해산 61
측우기 59~61, 120
칠백의총 87
칭기즈 칸 57

ㅋ
카스텔리 61

ㅎ

하멜 116, 117

학익진 86, 94

한산도 대첩 86

행주 대첩 87

향약 73, 77

형조 26, 27, 84

호시장 114

호조 26, 27

호패 44

〈혼일강리역대국도지도〉 57

효종 110, 112, 113

후금 93, 100~103

훈구 세력 68, 70~72

훈민정음 52, 54, 55

《훈민정음해례본》 54

## 사진 자료를 제공한 기관

간송미술관  54쪽 《훈민정음해례본》

고궁박물관  24쪽 태조의 어새 | 25쪽 일월오봉도 병풍 | 59쪽 측우기, 앙부일구

고려대박물관  41쪽 평생도팔곡병풍 중 혼례도

국립중앙박물관  17쪽 정몽주 초상 | 21쪽 《오륜행실도》 | 44쪽 호패 | 56쪽 《삼강행실도》 | 62쪽 분청사기 상감 물고기 무늬 매병
64쪽 경국대전 | 74쪽 선조 임금이 쓴 당나라 오·칠언시 병풍 | 88쪽 평양성 탈환도 | 112쪽 조총 | 128쪽 고누놀이, 공기놀이

국립해양박물관  107쪽 조선통신사선단도

규장각한국학연구원  34쪽 도성도 | 57쪽 혼일강리역대국도지도 모사도

문화재청  79쪽 《조선왕조실록》

소수박물관  76쪽 소수 서원 현판

숭실대학교 한국기독교박물관  43쪽 밧갈고, 부상, 통그릇깎고

연세대학교박물관  14쪽 최영 장군 무신도

일본 덴리대학교  62쪽 몽유도원도

전쟁기념관  95쪽 한산대첩도

한국학중앙연구원  40쪽 《국조오례의》, 가마 여, 가마 연 | 54쪽 《동국통감》 | 56쪽 《삼강행실도》 강혁거효 편

  공공누리에 따라 국립중앙박물관과 문화재청의 공공저작물 이용

## 사진 자료를 제공한 곳

북앤포토, 연합포토, 유로크레온, 위키피디아, 셔터스톡

＊이 책에 실린 모든 자료의 출처를 찾기 위해 최선을 다했습니다.
 허가를 받지 못한 일부 사진에 대해서는 저작권자가 확인되는 대로 게재 허락을 받고 사용료를 지불하겠습니다.